JN265478

保育者養成シリーズ

保育実習

林 邦雄・谷田貝公昭 [監修]
高橋弥生・小野友紀 [編著]

一藝社

監修者のことば

　周知のとおり、幼児期の保育の場はわが国では幼稚園と保育所に二分されている。幼稚園は文部科学省の管轄の下にある教育の場であるのに対し、保育所は教育を主体とする場ではなく、福祉の側面を備えた厚生労働省の下に位置づけられている。しかしながら、保育所は遊びを通じて情操を育むなど、教育的な側面をも包含していることは言うまでもない。

　このような事情から、従前より、幼稚園と保育所のいわゆる「幼・保一元化」が求められてきた。この動きは、社会環境の変貌とともにしだいに活発となり、保育に欠ける幼児も欠けない幼児も共に入園できる「認定こども園」制度として実現した。すなわち、平成18年に成立した「就学前の子どもに関する教育・保育等の総合的な提供の推進に関する法律」(「認定こども園設置法」)がそれである。

　「総合こども園」などの構想もあるが、こうした中で保育者は保育士資格と幼稚園免許の2つを取得するという選択肢が広がる可能性が高まっている。その理由は、総合こども園は、幼稚園機能、保育所機能、子育て支援機能（相談などが提供できる）を併せ持った施設で、既存の幼稚園と保育所を基本としているからである。

　監修者は長年、保育者養成に関わってきたものであるが、「保育学」「教育学」は、ある意味において「保育者論」「教師論」であると言えるであろう。それは、保育・教育を論ずるとき、どうしても保育・教育を行う人、すなわち保育者・教師を論じないわけにはいかないからである。よって、「保育も教育も人なり」の観を深くかつ強くしている。換言す

れば、幼児保育の成否は、保育者の優れた資質能力に負うところが大きいということである。特に、幼児に接する保育者は幼児の心の分かる存在でなければならない。

　この保育者養成シリーズは、幼児の心の分かる人材（保育者）の育成を強く願って企画されたものである。コミュニケーションのままならぬ幼児に接する保育者は、彼らの心の深層を読み取れる鋭敏さが必要である。本シリーズが、そのことの実現に向かって少しでも貢献できれば幸いである。多くの保育者養成校でテキストとして、保育現場の諸氏にとっては研修と教養の一助として使用されることを願っている。

　本シリーズの執筆者は多方面にわたっているが、それぞれ研究専門領域の立場から最新の研究資料を駆使して執筆している。複数の共同執筆によるため論旨や文体の調整に不都合があることは否めない。多くの方々からのご批判ご叱正を期待している。

　最後に、監修者の意図を快くくんで、本シリーズ刊行に全面的に協力していただいた一藝社・菊池公男社長に深く感謝する次第である。

　平成24年7月吉日

監修者　林　　邦雄
　　　　谷田貝公昭

まえがき

　平成2年の1.57ショック以来、少子化対策のために近年、待機児童を解消する目的で大小さまざまな保育所が増加している。また近年、公立の民営化も進められる中で、最近は保育士が不足し、保育所によっては人材の確保に四苦八苦しているようである。当然ながら保育者養成校は増え、保育士資格を取得する学生も増加しているのであるが、どうやら実際に保育士として現場に出る人数は期待しているほど増加していないようである。養成校の学生が、保育士として働くことを決める大きなきっかけとなるのが保育実習であろう。

　実習での体験が良いものと感じられれば、保育士として働く道を選択していくようである。

　では何が保育実習の体験を左右するのであろう。もちろん実習園の影響は少なからずあるが、最も大きなものは、実習に対する学生自身の意識なのではないだろうか。そして、その意識を左右するのが、養成校における実習の事前・事後指導である。保育実習に対して、学生は大きな期待と同じくらい大きな不安を抱いている。それが結果として「良い実習だった」と感じるようになるには、十分な実習準備をし、現場に対する理解を深めておくことが必要であろう。

　保育士資格を取得するための保育実習は、保育所における実習だけでなく、児童福祉施設での実習も含まれる。そのため、その内容は非常に幅広く多岐にわたるものとなっている。本書は、できる限りすべての実習に対応することができるよう、広い範囲を含んだ内容としたつもりである。また、認定こども園での実習について触れている点も特徴であろ

う。しかしながら、その分、各施設や各実習に対する深い理解を得るまでの内容には至っていないかもしれない。本書を基に、各養成校、また学生本人が、実習に対する学びを深めてもらえることを望んでいる。

　今後のわが国における保育界は、幼保一体化の実現により大きく変化していく可能性がある。特に保育士には、保護者に対する支援という難しい使命も与えられている。保護者が頼りにできる、質の高い保育士を世の中に送り出すために、本書が少しでも役に立つことができれば望外の喜びである。

　最後に、本書の出版に快く応じていただいた一藝社菊池公男社長、編集にご尽力いただいた森幸一さん、伊藤瞳さんに厚く御礼申し上げる。

平成24年7月

　　　　　　　　　　　　　　　　　　　　　　編著者　髙橋　弥生
　　　　　　　　　　　　　　　　　　　　　　　　　　小野　友紀

保育実習●もくじ

監修者のことば……2
まえがき……4

第1章 保育士の専門性と職業倫理……9
第1節　保育士とは
第2節　保育士に求められる倫理
第3節　保育士資格取得の要件

第2章 保育所実習の意義……21
第1節　保育実習は実習生の「学び」の宝箱
第2節　保育所が実習生に求めるもの
第3節　実習前までに知っておくべきこと

第3章 保育所の理解……33
第1節　保育所とは
第2節　養護と教育の一体化
第3節　保育士の職務

第4章 保育所の機能……47
第1節　入所する子どもの保育
第2節　保護者への支援
第3節　地域の子育て支援の機能

第5章 保育所実習の内容……61
第1節　実習の段階
第2節　実習の内容
第3節　実習課題の明確化

第6章 施設実習の意義……73
第1節　施設実習で何を学ぶのか
第2節　理解を深める受容と共感の姿勢
第3節　児童福祉施設の専門職
第4節　入所児の家庭への支援

第7章 保育所以外の児童福祉施設の理解……87
第1節　児童福祉施設の類型
第2節　養護系の施設
第3節　障害児・者のための施設
第4節　育成系の施設

第8章 施設実習の内容……99
第1節　施設実習の段階
第2節　施設実習の内容
第3節　実習課題の設定
第4節　施設実習の留意点

第9章 日誌・記録の意義と記入の実際……111
第1節　なぜ日誌を書くのか
第2節　日誌の項目と内容
第3節　日誌の記入の具体例
第4節　日誌の活用

第10章 指導案の作成と実践……125
第1節　なぜ指導計画を立てるのか
第2節　指導案作成の手順と留意事項
第3節　指導案の事例と実践への配慮

第11章 実習生としての姿勢……139
第1節　実習生としての基本的な心構え
第2節　実習生としての実習前の姿勢
第3節　実習生としての実習中の姿勢
第4節　実習生としての実習後の姿勢

第12章 実習に必要な実技の習得……151
第1節　子どもの発達に対する理解
第2節　絵本と手遊び
第3節　さまざまな実技の習得
第4節　児童福祉施設での援助の姿勢

第13章 実習中の子どもとの関わり……163
第1節　子どもの実態に応じた関わりや援助
第2節　3歳未満児との関わり
第3節　3歳以上児との関わり

第14章 実習後の振り返り……175
第1節　実習の振り返りのポイント
第2節　自己の課題の明確化
第3節　実習園との関わりを大切に

第15章 認定こども園での実習……187
第1節　認定こども園の理念と現状
第2節　認定こども園の保育と子育て支援事業
第3節　認定こども園での実習の視点
第4節　認定こども園の課題

監修者・編著者紹介……201
執筆者紹介……202

第1章

保育士の専門性と職業倫理

高橋　弥生

第1節　保育士とは

　保育士とはどのような職業であろうか。以前は保母と称され、女性の職業とされていた。社会的な地位は低く、さほど能力を必要とせず、子ども好きの女性なら誰でもできる職業と思われがちであった。つまり、母性を基にして乳幼児のめんどうを見る、子どもの子守をする仕事、と考えられていたのである。ゆえに、子どもと遊んでいればよい楽な仕事、と勘違いする人が少なくなかった。

　しかし社会情勢が変化し、乳幼児期の保育の重要性が明らかになってくるとともに、保育士の果たす役割の重要性が表面に現れるようになってきた。また、現場の保育士等の努力もあり、保育の質が向上してきたという事実もあるだろう。それにより現代の保育士は、高い専門性を求められるようになった。

　この章では、保育士が専門職であること、さらに高い倫理性を持たねばならない職業であるということを述べていくこととする。保育士資格を取得するために保育実習を行う人は、この資格の重さと難しさを十分に学ばねばならない。

1. 保育士資格

　保育士とは、児童福祉法第18条の4に「専門的知識及び技術をもって、児童の保育及び児童の保護者に対する保育に関する指導を行うことを業とする者」とある。以前は保母・保父という名称が使われていたが、1999年の児童福祉法改正に伴って保母・保父が統一され、現在の保育士となった。さらに2003年の改正児童福祉法の施行により保育士が国家資格となり、保育士資格を持つ者でなければ保育士を名のって働くことができない名称独占資格となった。

保育士という名称に変わってからは男性保育士が徐々に増加し、最近では男性保育者も珍しくなくなったが、男性が入学できる養成校も増え、保育士を目指す男性はますます増えてきている。また、高校生以下の生徒・児童が将来なりたい職業の中では常に上位に保育士があり、男女共に人気がある職業のようである。そのためか、保育士養成課程を持つ学校も増加し、保育士という職業に対する夢が大きく膨らんできているような感じがする。

2．保育士の専門性

　保育士の業務は非常に専門性が高く、知識と技術さらに体力と精神力が求められる職業である。そのことは、前出の児童福祉法第18条の4に「専門的知識及び技術をもつて」と規定されていることからも分かる。また、2008年告示の保育所保育指針「第1章　総則」2の（4）には、「保育所における保育士は、……倫理観に裏づけられた専門的知識、技術及び判断をもって、子どもを保育するとともに、子どもの保護者に対する保育に関する指導を行うものである」と記されている。つまり倫理、知識、技術、判断という専門性を持つのが保育士であり、その業務は「児童の保育」だけでなく、「児童の保護者に対する保育に関する指導」も行うことが示されているのである。単に子どもと楽しく過ごしていればよいというような職業ではないことが分かるだろう。

　保育士を目指す者は、正しい倫理観を持ったうえで、子どもの発育・発達や特性に関して学ぶとともに、保育技術を磨き、判断力を養う必要があるということである。さらに、保護者に対応するためのカウンセリングの技術を学ぶことも必要なのである。

　また、2008年告示の保育所保育指針には「第6章　保護者に対する支援」という章が新たに加わった。ここには、保育士がその専門性を生かし、保育所に入所している子どもの保護者に対する支援はもちろん、たとえ保育所に入所していなくとも、その地域に住む子育て家庭への支援

に取り組むように、と明記されており、そのために保育士間での連携、さらには関係機関との連携が必要であると示されている。

　保育士を目指す者は、現代社会が保育士に求めるものが何であるかを理解し、必要な専門性を必死に身につける努力をしなければならないだろう。

3. 保育士の職場

　保育士資格を持って働くことができる職場としては、児童福祉法に規定されている児童福祉施設が主となる。児童福祉施設とは、助産施設、乳児院、母子生活支援施設、保育所、児童厚生施設、児童養護施設、知的障害児施設、知的障害児通園施設、盲ろうあ児施設、肢体不自由児施設、重症心身障害児施設、情緒障害児短期治療施設、児童自立支援施設および児童家庭支援センターである（ただし、ただしこれらの名称は、2011年児童福祉法一部改正以前のものである）。この中で最も多いのが保育所で、2008年には公立・私立の認可保育所の合計は2万2909カ所であった。そのため、保育士の職場としては保育所が第一に思い浮かぶが、保育士は福祉職であり、その職場は上記のように多岐にわたる。

　ゆえに保育士は、乳幼児の知識だけでなく、障害に関する知識、また、虐待のような現代社会の問題など幅広い知識を備え、多様な業務に対応できる専門的な力を身につける必要がある。また、幼保一体化施設が今後増える可能性は高く、そこも保育士が働く場となるであろう。さらに児童福祉施設のみならず、成人を対象とした福祉施設でも保育士は必要とされており、そういった意味でも保育士資格を持つ者は、幅広い知識と技術を持たねばならないと言えるだろう。

4. 専門性を高める自己評価

　専門職がその専門性を保つためには、常に自らの努力が必要である。学生時代に身につけた知識や技術のままで保育を行えるのは、ほんのわ

ずかな期間である。もし新しい知識や技術を求めず、同じ保育を繰り返しているのであれば、子どもの健全な発育は保障できないであろうし、保護者の指導などできるはずがない。

2008年告示の保育所保育指針には、「保育の内容等の自己評価」（第4章2）という項目が加わった。これはまさに保育士自身が自らの保育を自己評価し、専門性の向上に努めることを義務づけているのである。また、保育所全体での自己評価を行うことも記されている。これは、保育士一人ひとりの自己評価を基に、保育所全体の保育についてさまざまな方向から自己評価を行い、さらにその結果を公表することを求めている。

保育士は専門職としての誇りを持ち、その質の向上のために常に自己評価を行っていくことが必要なのである。

第2節　保育士に求められる倫理

現代の保育が多様化する中で、保護者や社会が保育士に求めることも多様化してきた。ともするとその流れに乗ることが、保護者に対する支援であると思い違いしかねないほどである。また、保育サービスという言葉が独り歩きし、保育をサービス業と捉えている保護者もいるようである。

このように保育という仕事に対しての認識が一定していない時代には、保育士自身が自らの職業に確固たる意識を持つべきである。その際に保育士に必要となるものが、保育士としての職業倫理ではないだろうか。保育士の信念とも言うべき職業倫理の基盤となるのは、児童福祉法であり、児童憲章である。そして先にも述べたように、保育所保育指針（第1章2（4））において、保育の知識や技術、判断の基盤になるものは保育士としての倫理観であると明記しているのである。

図表1　全国保育士会倫理綱領

　　すべての子どもは、豊かな愛情のなかで心身ともに健やかに育てられ、自ら伸びていく無限の可能性を持っています。
　　私たちは、子どもが現在（いま）を幸せに生活し、未来（あす）を生きる力を育てる保育の仕事に誇りと責任をもって、自らの人間性と専門性の向上に努め、一人ひとりの子どもを心から尊重し、次のことを行います。
　　　私たちは、子どもの育ちを支えます。
　　　私たちは、保護者の子育てを支えます。
　　　私たちは、子どもと子育てにやさしい社会をつくります。

（子どもの最善の利益の尊重）
1. 私たちは、一人ひとりの子どもの最善の利益を第一に考え、保育を通してその福祉を積極的に増進するよう努めます。

（子どもの発達保障）
2. 私たちは、養護と教育が一体となった保育を通して、一人ひとりの子どもが心身ともに健康、安全で情緒の安定した生活ができる環境を用意し、生きる喜びと力を育むことを基本として、その健やかな育ちを支えます。

（保護者との協力）
3. 私たちは、子どもと保護者のおかれた状況や意向を受けとめ、保護者とより良い協力関係を築きながら、子どもの育ちや子育てを支えます。

（プライバシーの保護）
4. 私たちは、一人ひとりのプライバシーを保護するため、保育を通して知り得た個人の情報や秘密を守ります。

（チームワークと自己評価）
5. 私たちは、職場におけるチームワークや、関係する他の専門機関との連携を大切にします。
　また、自らの行う保育について、常に子どもの視点に立って自己評価を行い、保育の質の向上を図ります。

（利用者の代弁）
6. 私たちは、日々の保育や子育て支援の活動を通して子どものニーズを受けとめ、子どもの立場に立ってそれを代弁します。
　また、子育てをしているすべての保護者のニーズを受けとめ、それを代弁していくことも重要な役割と考え、行動します。

（地域の子育て支援）
7. 私たちは、地域の人々や関係機関とともに子育てを支援し、そのネットワークにより、地域で子どもを育てる環境づくりに努めます。

（専門職としての責務）
8. 私たちは、研修や自己研鑽を通して、常に自らの人間性と専門性の向上に努め、専門職としての責務を果たします。

出典：全国保育士会ホームページ（http://www.z-hoikushikai.com/kouryou/kouryou.htm）

全国保育士会は、保育士がその専門性を持って保育を実施する規範として、2003年に保育士会倫理綱領（**図表1**）を策定した。それは全ての子どもの幸せを最優先に考えて作られたものである。
　以下、保育士会倫理綱領を基に、保育士に求められる職業倫理を考える。

1. 前文について

　前文では、子どもとはいかなるものか、保育士はどのような姿勢でいるべきかについて触れ、保育士としての3つのあるべき姿を明らかにしている。
　1点目は「子どもの育ち」について、2点目は「保護者の子育て」について、3点目は「子どもと子育てにやさしい社会」についてであり、この3点について、保育士として支えていくということをうたっている。
　その中で、保育士の仕事は、子どもの現在から未来に続く「生きる力」を育てる仕事であり、保育士はその仕事に誇りと責任を持ち、専門性はもちろん、自らの人間性までも向上するべく努力を求めている。保育とは、いかに崇高な仕事であり、高い専門性を求められる仕事であるかということがよく分かるであろう。
　本文は8項目に分けられており、前文にある「子どもの育ち」「保護者の子育て」「子どもと子育てにやさしい社会」に関する項目について具体的に示している。さらに、保育士の専門性を高めるための項目が含まれている。

2.「子どもの育ち」について

　前出の全国保育士会倫理綱領の第1・2項は「子どもの育ち」に関して触れた項である。8項目の最前に挙げられているのは、子どもの健やかな育ちに関する内容なのである。つまり保育士が第一に考えるべきことは、子どもが安心して日々を過ごし、心身の健全な発育ができるように

環境を整え、援助することだということである。そして日々の保育は、保育所保育指針が示すように、養護と教育が一体的に展開されていくのである。

また第6項は、子どもの立場に立って子どものニーズを受け止めることが示してある。保育士は常に子どもの立場に立つことを優先するべきであること、そしてその子どもの代弁者となって子どもを支援していく姿勢を大切にすることをうたっている。

3.「保護者の子育て」に対する支援

全国保育士会倫理綱領の第3項および第6項の後半に、保護者の子育てに対する支援について示されている。そこには、保護者とより良い協力関係を築き、それにより子どもの育ちや子育てを支える、という保育士の姿勢が示されている。つまり、子どもの健全な育ちのために保護者支援をするということである。保育士が常に第一に考えるのは子どもの育ちである。保護者支援が、保護者のためのサービスと勘違いすることがないようにしたいものである。ただ保護者の子育てを支援することにより、保護者の心にゆとりが生まれ、そのことが間接的に子どもに良い影響を及ぼすことも多いものである。保育士は、その倫理観を基盤に置きながら、保護者に対してどのような支援をすることが結果的に子どもの育ちに良い影響を及ぼすのかを、しっかりと見極めることが大切である。

第6項の後半に示されている、保護者の代弁をするという役割においても、子どもの育ちのために保育士がさまざまな形で保護者の代弁者になり、子育てのための環境をより良いものにしたり、困難な子育てを支援したりする、という姿勢を意味しているのである。

4. 子どもと子育てに優しい社会

全国保育士会倫理綱領第7項には、保育士は地域の関係機関と連携すること、それにより子育てに良い環境を作ることを示している。つまり

保育士の職務は、保育所や児童福祉施設に入所している子どもだけを対象とするのではなく、地域に対してもより良い子育て環境を作ることがその使命となっていることが、ここにも記されているのである。要するに、保育士は直接関わる子どもの育ちだけではなく、社会全体の子どもの育ちを考えていくことが、その職務なのである。

5. 専門職としての倫理

　前出の倫理綱領の全てが、専門職として持つべき倫理観を示しているのであるが、その中で特に第4・5・8項は専門性を重視した項目である。

　第4項のプライバシーの保護に関しては、非常に重要な点である。個人情報の保護という観点だけでなく、さまざまな家庭の状況や子どもの育ちに関する情報の取り扱いには十分注意する必要がある。情報の取り扱いに関しては、保育所ごとにさまざまな規定が設けられているが、保育士一人ひとりが高い意識を持つことが求められるのである。

　第5項および第8項は、保育士という専門職として、保育の質を向上させるための自己評価や自己研鑽などについて記している。また、子どもの育ちのために必要であるときは、さまざまな関連機関と連携していくことも大切なこととして示されている。

　保育所には、さまざまな問題を抱える子どもが入所している。例えば虐待の問題、貧困家庭の問題、アレルギーなどの問題、障害の問題、他文化への対応の難しさ、などである。このような複雑な問題は、保育所だけで解決することは難しいだろう。ときに、それぞれの専門機関と連携することで、子どもの発育も保障されるのではないだろうか。

　このほか、社会福祉士の倫理綱領、乳児院倫理綱領、全国母子生活支援施設協議会倫理綱領なども、保育士としてぜひ学んでおくことが大切となるだろう。保育実習の際は、このような職業倫理に基づいて働く保育士の姿から、上述したことの重要性を感じ取ってほしいものである。

第3節　保育士資格取得の要件

　保育士資格を取得するためには、どのような科目を履修し、どのような実習を行う必要があるのだろうか。

　履修すべき科目としては、「保育の本質・目的に関する科目」、「保育の対象の理解に関する科目」、「保育の内容・方法に関する科目」、「保育の表現技術」、「保育実習」、「総合演習」の6群に分かれている（**図表2**）。

　これらを、適切な順序、時期に履修していくことで、保育士としての知識や技術を身につけることができるのである。その中でも保育実習における学びは、保育士になるための重要な体験となる。

　保育実習は、図表2のとおり、「保育実習Ⅰ・Ⅱ・Ⅲ」および「保育実習指導Ⅰ・Ⅱ・Ⅲ」から構成されている。「保育実習Ⅰ」と「保育実習指導Ⅰ」は必修科目である。保育所実習と保育所以外の児童福祉施設での実習がそれぞれ90時間必要となるが、その前後には実習指導の授業によって準備や実習後の振り返りを行い、実習の効果を高めることを求められている。また、保育実習ⅡとⅢは、どちらか一つを選択するので、保育実習Ⅱを選択した場合は保育実習指導Ⅱを、保育実習Ⅲを選択した場合は保育実習指導Ⅲを選択し、それぞれの実習内容に合った事前・事後の指導を受けることとなる。

　保育実習は段階を追ってその目標も内容も深まっていく。実習開始時は見学や観察の実習が中心であるが、実習終了間際には、保育者の卵として保育を計画し、子どもたちの前で保育を進めていく経験をするのである。子どもたちの前に立って一人の保育者として保育を行うには、養成校での実習期間はあまりにも短いものである。そのため、実習までに十分な専門知識を身につけ、実習の計画や準備を万全にして実習に臨まなければならないだろう。そして、実習終了後にはしっかりと実習を振

図表2　履修すべき科目（児童福祉法施行規則より）

分類	科目名	単位数
保育の本質・目的に関する科目	保育原理	2単位（講義）
	教育原理	2単位（講義）
	児童家庭福祉	2単位（講義）
	社会福祉	2単位（講義）
	相談援助	1単位（演習）
	社会的養護	2単位（講義）
	保育者論	2単位（講義）
保育の対象の理解に関する科目	保育の心理学Ⅰ	2単位（講義）
	保育の心理学Ⅱ	1単位（演習）
	子どもの保健Ⅰ	4単位（講義）
	子どもの保健Ⅱ	1単位（演習）
	子どもの食と栄養	2単位（演習）
	家庭支援論	2単位（講義）
保育の内容・方法に関する科目	保育課程論	2単位（講義）
	保育内容総論	1単位（演習）
	保育内容演習	5単位（演習）
	乳児保育	2単位（演習）
	障害児保育	2単位（演習）
	社会的養護内容	1単位（演習）
	保育相談支援	1単位（演習）
保育の表現技術	保育の表現技術	4単位（演習）
保育実習	保育実習Ⅰ	4単位（実習） 保育実習指導Ⅱまたは Ⅲ 　保育所実習2単位 　施設実習2単位
	保育実習指導Ⅰ	2単位（演習）
	保育実習Ⅱ	2単位（実習） 　保育所実習2単位
	保育実習Ⅲ ＊保育実習Ⅱ・Ⅲはどちらかを選択必修	2単位（実習） 　保育所以外の施設実習2単位
	保育実習指導Ⅱまたは Ⅲ	1単位（演習）
総合演習	保育実践演習	2単位（演習）

（筆者作成）

り返り、次への段階に進むための課題を明らかにするのである。

　保育現場や児童福祉施設での実習は、保育者を目指す学生にとって非常に魅力的な時間で、机上では学べない貴重な体験の連続となる。それゆえに、その大切な機会を自らの成長に十分生かせるように心がけるべきである。

【引用・参考文献】

厚生労働省『保育所保育指針解説書』フレーベル館、2008年

全国保育士会編『全国保育士会倫理綱領ガイドブック〔改訂版〕』社会福祉法人全国社会福祉協議会、2009年

第2章

保育所実習の意義

田中　卓也

第1節 保育実習は実習生の「学び」の宝箱

1. 保育所実習の目的

　保育所実習の目的は、児童福祉施設における実習を通じて、専門職としての保育士として資質・力量を備えることである。乳幼児は保育士と出会い、五感を通じた体験を伴う学びが得られる。その学びは、保育現場での実践を通してさまざまな問題を克服しながら自己の課題を達成していく過程にある。保育実習は、保育士になるための心構えや保育技術、それに関わる知識を身につけるトレーニングの要素が含まれるのである。

2. 保育所実習の意義

　専門職としての保育士と、子ども好きな優しいお姉さんやお兄さんとはどこが違うのであろうか。双方ともに「子どもが好き」なのは共通している。しかしながら「子どもが好き」なだけでは保育士になれないことは誰もが分かっている。「子どもが好き」を基盤に置きながら、保育士として行動に裏づけが必要となるのである。保育士養成校での日頃の学習では、保育所の制度やその変遷、子どもの発達や遊びに対する理解、保育計画や指導計画の作成など基本的な理論を学ぶ。それらの学びを通して初めて、保育所で生活している子どもたちから学ぶ意義が生まれてくるのである。

3. 実際に保育者を体験

　これまでの大学生活では、保育者の役割を大まかなイメージでしか捉えることができなかったであろう。それを実感させてくれるところが「保育実習」である。実習を通して初めて集団保育を経験したときには、

自分自身が保育者であることを自覚できないまま終わってしまうことがあるかもしれない。

　実習の初日には、子どもたちから「あんたは誰?」「おじさん、何でいるの?」など子どもに言われることもあるだろう。突然子どもたちに自分の髪の毛を引っ張られたり、身体をたたかれたりするようなことがあるということもよく聞く。

　子どもたちはそれぞれに自分なりの表現・態度を示そうとするが、それは保育者に対する興味・関心の表現である。子どもたちの表現をどのように受け止め、返していくのかがとても大切になる。そこには自分自身の保育者としての姿勢や資質が表れるのである。

　保育の現場で生き生きと活動している先輩の保育士も、過去には、実習において自分を振り返り、高める努力を行ってきた。保育実習は、これまでの自分を成長させてくれるすばらしい機会であると言えよう。

4. はっきりとした自己課題を持つ

　実習では、指導してくださる保育士からだけでなく、子どもたちからも、いろいろな課題を突きつけられることとなる。将来、保育者になるために、今の自分に不足しているものは何か、そして不足しているものを満たすためのさらなる学びをしっかりと考えることが求められる。自分自身と向き合い、明確な自己課題を持って実習に取り組まなければならない。

　子どもたち一人ひとりの個性を大切にすることは、講義科目で学んではいるものの、実習先で目の前の一人の子どもにどう対応すればよいのか、理解できずに困っている学生の姿もよく見られる。

　実習での気づき、新たな自己課題の発見は、最大の成長のチャンスと捉え、次の実習に、あるいは将来の保育者としての自己の課題につなげることが大切である。このような課題は、実習事前・事後の指導をはじめ、講義や演習、ゼミナールなどを通じて、さらに深め、考えていくこ

とが必要になる。深め、考えていくことこそが、将来の自分なりの保育観を構築していくことにつながるのである。

5. 目標の立て方・生かし方

　目標をしっかり持ってそれを意識して日々生活する人とそうでない人には、たいへん大きな差があるといわれている。保育実習についてもそれは同様のことが言えよう。目標を持っているということは、自己課題が明確であり、目的意識を持っているということになる。今後の実習に生かせるような目標を考えることが必要となる。

　例えば、「明るく笑顔で過ごそう」「欠席や遅刻をしないようにしよう」「子どもたちとたくさん遊ぼう」「どんな仕事でも進んで行うようにしよう」「あいさつや返事はしっかり行うようにしよう」など日常のごく当たり前のことからでもよいと思われる。

　また、保育現場で活動することを想定し、「保育の一日の流れを知ろう」とか「保育者の働きかけ、言葉かけなどをしっかり観察しよう」、「保育技術を進んで身につけよう」、「0歳児から5歳児までの成長・発達の様子について自分の目で見、しっかり観察しよう」、「同年齢の子どもたちの個人差を観察しよう」、「保育所にある遊具、動植物などにも関心・興味を持つようにしよう」といった目標にステップアップしていくことが求められる。すなわち、保育者としての「基本的な態度」、「望ましい姿」、「保育の内容」については、目標に立てると明確になるのである。

　目標を立てることができたら、実習1週間前ぐらいまでにはしっかりまとめておき、毎日自分の目の届くところに貼っておくとよい。常に実習に出かける際には心構えができ、準備も容易になるからである。また実習開始前だけではなく、実習期間中においても、毎日欠かさず目にするようにし、実習に臨むとよい。時間があれば、一日の終わりに反省してみるのもよい。この反省こそ、明日の実習に生きていくことがある。

実習終了後には、それぞれの目標を立てて良かったところ、不足しているところなどを洗いざらい出してみるとよい。必ず次回の実習に生かせるように、しっかり反省することを勧めたい。

　なお、長期間の実習においては、前期・後期もしくは1週目、2週目、3週目、4週目などと時期を分けて目標を立ててもよい。目標の数についても、個人差があると思われるので、自分に合ったものを立てるとよい。

第2節　保育所が実習生に求めるもの

　では、皆さんが行くことになる実習園では、どのような実習生を望んでいるのであろうか。以下に例を挙げて見ていきたい。

1. 求められる資質

(1) 子どものありのままの姿を受け入れる

　子どもたちの大切な「いのち」を預かりながら、個々の子どもの成長を助ける行いが保育者には必要となる。幼い子どもたちが家庭から社会へと第一歩を踏み出すことになるのが保育所や幼稚園である。他の子どもと容易に比較するのではなく、個々の子どものありのままの姿を認め、安心して自分らしさを発揮でき、自分への信頼を築けるように子どもを温かく見守ることができることが望まれる。ゆえに、子どもがいとおしく思え、子どもといっしょに暮らしたいと思えるようになることが望まれる。

　しかし、一生懸命子どもに接しても、思うようになつかなかったり、ときには反抗的な態度で接する子ども、さらに他の子どもを傷つけるような行為に及ぶ子どもなどもいるかもしれない。保育者は子どもを常に冷静に見つめ、現在までの子どもの育ちや暮らし、環境を十分に知るこ

とが大切であるし、子どもの性格、気質、障害についても十分理解しておかなければならない。昨今では、家庭における子育て支援について保育所、幼稚園が大切な任務を任されており、保護者の抱える悩み・不安についても理解することが求められるのである。

(2) 子どもとともに生活の中で遊びを作り出す

　子どもを受け入れるとはいえ、子どもの成長は止まったままではない。子どもが成長していくためには、さまざまな援助・指導が要求されるのである。保育者には、見守るのがいいのか、それとも援助するのがいいのか、ケースバイケースでの判断が求められるであろう。

　そのためには、より深く子どもを理解しないといけない。保育所や幼稚園では、集団生活において個々が育つことになる。個性を尊重しながら、他の子どもたちといっしょに暮らすこと、またいっしょに活動すること、共に何かを作り出すことも求められるのである。保育者には、その子どもの発達に見合った製作活動、歌や遊びの選択などについての保育技術が求められるのである。

(3) 常に自分を高めることができる

　さらに保育者は、豊かな人間性を持っていないといけないといわれる。話す言葉や立ち居振る舞いに至るまで、子どもらにとっても行動パターンのモデルとなるからである。保育者として、子どもたちや保護者、さらに他の保育者に対し、どのように関わるのがよいのかを十分考えながら、日々仕事をすることが必要となる。保育者とはいえ一人の人間であるから、完璧な人間性を持ってはいないであろう。ときには失敗し、落ち込み、悩むこともあるだろう。だがそこでスランプに陥るのではなく、へこたれるのではなく、再チャレンジする勇気を持った保育者でありたいものである。

2. 実習での心構え

(1) 謙虚な心で子どもや先輩保育者から学ぶ

　まずは、保育者になりたいという自分の思いに、責任と誇りを感じるようにしたい。目の前にいる子どもたちの個々の状況に応じて、養成校で学習した保育理論、保育技術から具体的な対応の方法をよく選び出し、子どもとともに生活の中での遊びを作り出していくことが大切である。実習の場では大いに行うとよいだろう。実習生はプロの保育士ではないため、誰でも最初から上手にいくはずはない。子どもから学ぶこと、先輩の保育士から学ぶことも無数にあるので、謙虚な姿勢で臨んでほしいのである。

(2) 社会人としての自覚を持つ

　実習生とはいえ、子どもから見れば、保育所にいる先生と同じに見えるものである。学生という甘えは禁物である。実習中にはその甘えを捨て、社会人としての自覚を持った行いが必要となるから注意したい。時間と決まりを守ることは当然のことであり、遅刻・早退しないようにふだんから心の準備と健康管理に努めておきたい。実習日誌・指導案についても、必ず指導を担当する先生が決めた期日までには余裕を持って提出するよう心がけたい。
　なお、実習の際に必要な持ち物のチェックリストを挙げておく（**図表1**）。

(3) 専門職としての自覚を持つ

　保育実習は限られた期間でしかない。子どもの育ちや保育のあり方については、このときだけでは判断できないため、安易な評価には注意が必要である。また、子どもや子どもの家庭のことについては、守秘義務が設けられているので、不用意な発言には十分気をつけたい。実習生は実習において、将来の保育者として育てられるため、社会人として専門

図表1　実習で必要な持ち物確認チェックリスト

□ 実習日誌（実習簿）	□ 筆記用具	□ エプロン
□ 名札	□ 印鑑（実印）	□ 運動靴
□ 上履き	□ メモ帳	□ ハンカチ・タオル
□ ティッシュ	□ 国語事典（ポケットサイズ）	
□ Tシャツ（着替え用）	□ 靴下（着替え用）	□ ジャージ（着替え用）
□ お弁当	□ 歯ブラシ・コップ	□ 髪どめゴム・ブラシ
□ 給食費	□ 製作道具（ハサミ・のりなど）	□ 携帯電話
□ 帽子	□ 傘	□ 常備薬（かぜ薬・腹痛止め薬など）

（筆者作成）

職に携わるという自覚を十分に持ち、気を引き締めた言動・行動を心がけるべきである。

(4) 意欲を持った取り組み・姿勢が大切

　自分が得意としているレクリエーションやゲーム、お話、製作などがあれば、実習ではたいへん大きな武器になると考えられる。実習前にいくつかは身につけておきたいところである。すなわち「引き出しの広い」保育者を目指すようにするとよい。実習園で見聞したことは、新人保育者にとっては「教材」であり「財産」である。意欲的に保育技術を磨こうとする実習生には、現場の先生方も温かいまなざしをもって接してくれ、好意的に受け止めてくれることが多いのである。実習生として、ぜひ失敗を恐れず意欲を全面に出していきたい。

　子どものかわいらしさはもちろんであるが、保育の奥深さ・楽しさについても十分味わうことができるような実習になることを望みたい。そのために、保育者としての自覚と意欲を高めていくことを願うのである。

第3節 実習前までに知っておくべきこと

1. 保育実習の流れ

養成校や実習園によっては異なることもあるが、大まかな目安としては次のようになっている。
〈実習前〉
・学校内でのガイダンス（意味・目的・課題の確認など）
・実習先でのオリエンテーション（園での保育目標・決まりの理解など）
〈実習中〉
・観察実習（先輩保育者の保育を見て学ぶ。一日の流れ、子どもの様子、育者の支援など）
・参加実習（一日のどこかの部分で実際の保育に係わる）
・責任実習（自分で指導案を作成し、一日または半日の実際の保育を担当する）
〈実習後〉
・実習園における反省会およびお礼
・養成校での反省会（報告会）およびお礼状の送付

2. 実習先の決め方

実習先を決定するときには、養成校が附属保育園若しくは協力園などに配属を決定するものと、実習生自身が実習先を選び、自分で依頼するものとの2つがある。

(1) 養成校が実習生の配属を決定する場合

養成校が特定の保育所に毎年実習を受けて入れてもらうことがある場

合に、この形式をとることになる。実習生は自分で実習先を探すことがないため、苦労することはない。また、実習内容、保育所の特徴などを事前に知っておくことになるので、落ち着いた状況で実習に取り組むことができるという利点がある。

実習生は養成校に、以下の内容を伝えておく必要がある。
・実習時の住所、連絡先
・通学時に利用する交通機関
・都合の悪い日程
・アレルギーおよび現在治療中の病気について

事前に知らせておかないと、トラブルになることも避けられない。そのようにならないためにもしっかり行いたい。

(2) 実習生が実習先を選んで自分で依頼する場合

実習生のほとんどは、自分の出身保育所や自宅から近い保育所、就職を希望する保育所などを選び、直接依頼するものである。

依頼する際には、実習生自らが保育所に出向くことが求められる。最初に電話で実習のお願いをしたいことを伝え、直接あいさつ訪問に伺う日程を決めることになる。園の了解を得られた後、養成校（実習担当者）に報告し、あらためて養成校から保育所に依頼することになる。実習生の実習は、保育所と養成校の契約によって実現されるので、正式な依頼の必要が生じることになる。

(3) 保育所実習事前オリエンテーション

実習の目的は、①保育現場での仕事内容を知ること、②実際に経験をしながら、保育者の役割を担うこと、③保育に必要な技術を取得し、保育者としての資質や態度を身につけることである。保育所で一日を過ごすことではなく、実習計画をしっかり立て、各段階において必要な知識や技術の習得が求められるのである。

各保育士養成校においては、実習の前段階で「オリエンテーション」が開催されることが多い。そこでは次のような内容で多岐にわたって行われる。

①実習の目的・内容の再確認
②実習の方法
　・観察実習
　・参加実習
　・責任実習
③実習日誌の意味とその書き方について
④指導計画について
⑤実習園について
⑥実習に必要な事務手続きについて
⑦安全と疾病の予防について
⑧実習時の服装および態度について

　各養成校では、保育実習に関する独自のカリキュラムがあり、実習の位置づけ、時期、進め方などがそれぞれ工夫されている。実習生は、必ずその日その日の実習において何を身につけるのかを明確にし、実習の目的をしっかり把握したうえで取り組むようにしたい。そのために事前のオリエンテーションは欠かせないものなのである。

【引用・参考文献】
　阿部和子・増田まゆみ・小櫃智子編『保育実習』(最新保育講座) ミネルヴァ書房、2009年
　阿部恵・鈴木みゆき編著『教育・保育実習安心ガイド』ひかりのくに、2002年
　池田隆英・上田敏丈・楠本恭之・中原朋生編『保育・幼稚園実習——保育者になるための5ステップス』ミネルヴァ書房、2010年

全国保育士養成協議会編『保育実習指導のミニマムスタンダード——現場と養成校が協働して保育士を育てる』北大路書房、2007年

田中まさ子編『幼稚園・保育所実習ハンドブック——幼稚園教諭・保育士養成課程〔3訂版〕』みらい、2011年

民秋言・安藤和彦・米谷光弘・中西利恵編著『保育所実習』（新保育ライブラリ）北大路書房、2009年

寺田清美・渡邊暢子監修『保育実習まるごとガイド〔改訂新版〕』（教育技術ムック）小学館、2007年

松本峰雄監修『保育実習これだけナビ』ユーキャン学び出版、2012年

『保育実習事前実習指導』（近畿大学九州短期大学通信教育部テキスト）2004年

第3章

保育所の理解

和田　美香

第1節　保育所とは

1．保育所の役割

保育所は、厚生労働省が管轄し、児童福祉法に定められた「保育に欠ける乳幼児」を保育する児童福祉施設である。児童福祉法第39条では「保育所は、日日保護者の委託を受けて、保育に欠けるその乳児又は幼児を保育することを目的とする施設とする」と記されている。では、「保育に欠ける」というのは、どのような状況を指すのであろうか。

(1) 保育に欠けるとは？

「保育に欠ける」状況については、児童福祉法施行令第27条で規定されている。その定義とは、以下のとおりである。

1　昼間労働することを常態としていること。

2　妊娠中であるか又は出産後間がないこと。

3　疾病にかかり、若しくは負傷し、又は精神若しくは身体に障害を有していること。

4　同居の親族を常時介護していること。

5　震災、風水害、火災その他の災害の復旧に当たっていること。

6　前各号に類する状態にあること。

幼稚園においても「保育に欠ける」状態の子どもはいるが、保育所に入所している子どもは、通う全ての子どもが上記のなんらかの「保育に欠ける」状態にあり、児童福祉法第24条に従い保育が行われるのである。

このように「保育に欠ける」という要件は現在、保育所保育にとって

は非常に重要なものであるとされている。だが昨今、幼保一体化が行われようとしているときに、この「保育に欠ける」という要件については考えていく必要がある。幼保一体化に向けて、保育所の役割や定義も今後、変わっていくであろう。

(2) 保育所への入所

　保育所は認可保育所の場合、公立保育所、私立保育所ともに、先に述べた「保育に欠ける」要件に該当した保護者が所定の手続きをとることにより入所できる。具体的には、各市町村へ勤務証明書など保育に欠けることを証明する必要書類を保護者が提出する。その後審査の結果、各市町村の担当部署が入所の決定をするのである。

　1997年の児童福祉法改正以前は、措置制度による入所方法がとられていたが、現在は、利用者が保育所を選択できる契約制度に変わった。ただし待機児童の関係で、必ずしも希望の保育所に入れるとは限らないのが現状である。定員の超過などにより入所が困難であるような場合は、公正な方法で選考を行う。入所要件に該当するにもかかわらず保育所に入所できない場合、行政は家庭的保育事業（保育ママ）などによる「保育の実施」の実現を図るよう努めるが、結果としてできない場合は、待機児童としてリストを作成する。ただし、入所可能な保育所があるにもかかわらず特定の保育所への希望のため待機している場合、また認可保育所への入所を希望しているが、現在は保育ママなどの自治体の施策による対応を受けている場合は、これに含まれない。

　審査により入所が決定した保護者は、年度ごとに必要書類を提出し審査を受け、入所を継続していくことになる。

(3) 保育時間

　保育所における保育時間は1日8時間を原則としているが、保護者の労働時間などの状況を考慮して保育所長が定めるとされている（児童福祉

施設の設備及び運営に関する基準第34条)。そのため、実際には開所の時間や日数を長くとり、延長保育や長時間保育といった特別保育を実施する保育所が多い。現在では、社会的なニーズにより保育時間が延びる傾向があり、夜間や休日保育、病児病後児保育なども増えている。

(4) 保育所の職員

保育所の職員については、児童福祉施設の設備及び運営に関する基準(第33条)で、保育士、調理員、嘱託医を置くこととなっている。その他、栄養士や看護師、事務員や用務員などさまざまな職種の職員が連携して保育を進めている。

①看護師

主に保育所にいる子どもの健康や保健衛生の管理や指導、身体計測を行ったり、子どもの病気やけがに対する応急的な処置やその指示をするなどの役割を担っている。また乳児クラスでは、発達の状況や体調の把握のために、看護師がクラスに入っていっしょに保育することも多く、保育士とともに常に子どもの健康や発達の状況を確認し合っている。

②栄養士

子どもに必要な栄養素を計算し、子どもが食事を楽しめるような工夫をしたり献立作成をしたりする。行事のときには行事食を作り、子どもたちに季節の食事の指導も行う。また、食材の管理、離乳食の把握、調理師への指導など、主に食事に関することの管理や指導を行っている。

③用務員

園舎や園庭の掃除、使用したぞうきんやマットなどの洗濯、ごみの管理などを行う。子どもの生活に合わせるため、洗濯機を回す時間や、保育室やトイレを掃除する時間などを、そのつど保育者と確認している。子どもたちが常に衛生的に、快適に過ごせるように工夫しているのである。

(5) 子どもの最善の利益

　保育所は、「子どもの最善の利益」ということを明確にしている（保育所保育指針「第1章　総則」2 (1)）。また「子どもの最善の利益を考慮し、子どもの福祉を重視すること」（同上第6章1 (1)）とも示されている。この「子どもの最善の利益」は、「子どもの権利条約」（＝児童の権利に関する条約）（第3条）を踏まえている。

　保育士は、常に子どもを個別の存在として認め、一人の人間として尊重することが求められる。言葉や文化の違いにも配慮し、子どもの立場に立ち、その発達に応じた援助をする。

　子どもの最善の利益とは何だろうか。何が最善かは、一人ひとり違うのである。例えば、延長保育は子どもの最善の利益に反するという人もいるが、その家庭にとってどうしても必要であれば、子どもが安心して過ごせる延長保育を行うことこそ、その子どもの最善の利益だと考えることはできないか。子どもの権利を十分に考えるということは、つまり、保育所は保護者のためにあるのではなく、利用者である一人ひとりの子どものためにあるということである。現実的には、保護者が困るから子どもを預けるのだが、それは親のためという考え方ではなく、それにより子どもが放置されたら「子どもの最善の利益」が保てないおそれがあるので、保育所は保育をするということである。この「子どもの最善の利益」という表現は、親の都合で子どもが不利益を被ることにならないようにという確認なのである。そしてまた「子どもたちの」ではなく、「子どもの」と単数である点もポイントで、一人ひとりの子どもに対しての「最善の利益」を追求していくべき施設なのである。

　保育士は、そのことをできるだけ保護者に理解してもらうように努め、ときには物言えぬ子どもの代弁者としての役割も担うべきであろう。保育士としての言動は全て、一人ひとりの「子どもの最善の利益」に根ざし、それを目的としていることを忘れてはならない。

2. 保育所保育指針とは

　保育所の保育は、保育所保育指針に基づいて行われている。保育所保育指針とは、保育の内容と運営に関する事項を定めているものである。

(1) 保育所保育指針の趣旨

　保育所における保育内容については、厚生労働大臣告示の保育所保育指針によって決められている。以前は、局長通知（ガイドライン）として法的な拘束力は持っていなかったが、2009年4月施行の告示化により、保育所保育指針の内容は法的な拘束力を持つようになった。

　「第1章　総則」の1 (1) に、「この指針は、児童福祉施設最低基準（昭和23年厚生省令第64号）第35条の規定に基づき、保育所における保育の内容に関する事項及びこれに関連する運営に関する事項を定めるものである」と書かれている。つまり、保育の内容に関することと、保育所の運営に関することの基本の両方が書いてあるということが、ここに示されている。幼稚園教育要領との違いは、その運営についても言及されている点である。

　続いて1 (2) には、「各保育所は、この指針において規定される保育の内容に係る基本原則に関する事項等を踏まえ、各保育所の実情に応じて創意工夫を図り、保育所の機能及び質の向上に努めなければならない」と書かれている。各保育所では、この指針に規定されている基本原則を守り、それぞれの実情を踏まえ、創意工夫を図り保育することが求められているのである。

　この創意工夫とは、奇抜な保育をするということではない。各園が持つ条件に合う形で、それぞれが保育の工夫に努め、特色ある保育を展開し、多様なニーズに対応していくことが求められているということである。それはつまり、その地域のニーズに応じて、子どもに必要な基本的なことを外すことなく、柔軟な保育をしていくということである。

(2) 改定の経緯

1947年、「児童福祉法」が制定され保育所が児童福祉施設の一つに列せられた。翌1948年、「児童福祉施設最低基準」（2012年「移動福祉施設の設備及び運営に関する基準」に名称変更）が制定されている。最低基準とは、利用者が「明るくて、衛生的な環境において、素養があり、かつ、適切な訓練を受けた職員の指導により、心身ともに健やかにして、社会に適応するように育成されることを保障する」（第2条）ことである。

その後「保育所保育指針」が初めて制定されたのは、1965年のことである。厚生省（当時）が、保育所における保育の向上と充実を図るために、ガイドラインとして作成したものである。法的規制力はないが、保育所保育の理念や保育内容、保育方法などを示している。この「保育指針」では、「養護と教育とが一体となって、豊かな人間性をもった子どもを育成する」ことを「保育所における保育の基本的性格」としている。

1963年には文部・厚生共同通達により「3歳児以上児の教育の機能については、幼稚園教育要領に準ずることが望ましい」とされた。以降、「保育指針」は1990年に第1次、1999年に第2次と改訂を重ねるが、いずれも「教育要領」の1年遅れである。教育に関わるもの（5領域）については、「教育要領」に準ずるというものであるため、そのようになっていたのである。

2009年、幼稚園教育要領と保育所保育指針は同時期の改訂・改定となっている。これまで「保育計画」とされていたものが、幼稚園教育要領の「教育課程」に添った形で、「保育課程」と呼ばれることになった。また小学校との連携については、子どもの育ちを支えるための資料（保育所児童保育要録）を小学校送付することになった。

これらのことから、保育所における保育が、幼稚園における教育と同じような扱いになってきていることがうかがえる。そのような点も含め、今回は「改訂」ではなく「改定」と表記されているとおり、かなりの変更がされているのである。

第2節　養護と教育の一体化

1. 養護とは

　養護は、3つの側面を持つ働きである。

　1つ目は、生理的な次元において子どもの生命を守ることである。授乳や食事、おむつの交換など保健、衛生、安全面において、周りの大人が世話をしなければ、子ども自身では生命を守れないという側面である。

　2つ目は食事、睡眠、排泄などの基本的な生活習慣を大切に考えることにより、子どもが生活リズムを整え、健康的な生活ができるように配慮していくという側面である。

　3つ目は、子どもの欲求を十分に受容し、情緒の安定を図ることによって、子どもの心を支えていくという側面である。これは、心の養護と言われている。

2. 教育とは

　次に、「養護」とともに保育の働きを構成する「教育」について考える。教育とは、生涯全体に及ぶ人間の心身の発達を導く概念であるが、それはともすると、学校のような形式で教師が勉強を教えていくようなスタイルをイメージしてしまう。だが教育は、そのような意味だけに限定されるものではない。特に保育において「教育」というと、5領域を指すことになるであろう。環境を通じて、子どもが自ら学び取っていく過程である。

　そう考えていくと、保育所での生活・養護の営みの中にも、子どもの発達を促す教育的要素が常に含まれていることが理解できるであろう。例えば食事は、食べることによる「生命の維持」という点では、養護的

内容が大きいと捉えることもできるが、保育士との会話の中で、食事中のマナーや食材への興味につながっていくという教育的な面もある。

　おむつ交換にしても、交換することにより不快感が取り除かれることだけが目的ではない。保育士の優しい呼びかけ、肌に触れるぬくもり、交換しながらふと歌うわらべ歌などにより、乳児は応えてくれる大人の存在を意識し、その働きかけに関心を持ち、その存在を介して、さらに外の世界へと興味を広げていくのである。これは、養護的な内容だけでなく、教育的な内容につながっていくのである。

　また、設定保育などで、創作活動や音楽活動に取り組む際には、快適で安全な生活や心の安定が保たれてこそ、自分なりの表現を思い切り試みることができるのである。

　生理的な面での養護と、心の養護が共に満たされたうえで、教育が意味のあるものになっていくのである。このように、保育は常に養護と教育の両方の視点から捉えられ、行うことが必要である。

　幼稚園教育要領の中には、保育所保育指針のように「養護」という独立した項目はないが、決して、幼稚園の生活の中に養護の面がないわけではない。項目としての「養護」はないが、それはねらいと内容の中に散りばめられているのである。

　保育所保育指針の中では、「養護」と「教育」ということで項目が分かれている。それは、低年齢児がいること、長時間に及ぶ保育であることを踏まえ、「養護」が強調されているのである。

　計画を立てるときも「養護のねらい」と「教育のねらい」とに分けて考えていくことになる。それは、それぞれのねらいに添って別々の活動をするわけではなく、1つの活動の中に養護の視点である「養護のねらい」と教育（5領域）の視点である「教育のねらい」の2つが含まれているということになるのである。

　このように、生活の場である保育所は「養護と教育の一体化」を効果的に実践できることを再認識する必要がある。

第3節　保育士の職務

1. 保育の専門性

保育所保育指針には、保育士が具体的に何をするかが書かれている。

　保育所は、その目的を達成するために、保育に関する専門性を有する職員が、家庭との緊密な連携の下に、子どもの状況や発達過程を踏まえ、保育所における環境を通して、養護及び教育を一体的に行うことを特性としている。(第1章2の (2))
　保育所における保育士は、児童福祉法第18条の4を踏まえ、保育所の役割及び機能が適切に発揮されるように、倫理観に裏付けられた専門的知識、技術及び判断をもって、子どもを保育するとともに、子どもの保護者に対する保育に関する指導を行うものである。(第1章2の (4))

「保育に関する専門性を有する職員」とは、つまり保育士のことである。保育士と書いていないのは、栄養士や看護師も保育に関わっているからである。「専門性を有する」「倫理観に裏付けられた専門的知識、技術及び判断をもって、子どもを保育する」という定義はとても大切で、これは、単に子どもを安全に預かり楽しく遊ばせるということではなく、保育の専門性を示しているのである。

2. 保育士の役割

　では、それは具体的にはどのようなことなのかを考えていく。保育士の役割としては、子どもとの関わりがまず思い浮かべられるであろう。子どもとの関わりについては、実際に子どもと接し、見守ったり関わっ

たりという直接的な関わりの部分と、保育の計画をしたり保育後に振り返ったりすることや、子どもの生活環境を構成していくことなどの間接的な関わりの部分がある。

また、第1章1（3）に「入所する子どもの保護者に対する支援及び地域の子育て家庭に対する支援等を行う役割を担うものである」とあるように、保護者との関わり、地域との関わりが職務として求められている。

(1) 子どもとの関わり
①直接的な関わり

直接的な関わりとは、保育者が子どもと直接関わる部分に当たる。つまり、保育現場において保育者が子どもと遊び・生活を共にし、子どもの気持ちに寄り添いながら日々を過ごすことである。そして、保育者は「いま」という時間の中で、「ここ」にいる子どもたちとの生活をいかに充実させることができるかが、援助として求められるのである。

津守真（1926～）は、保育者が子どもと関わることについて「出会うことからはじまって、刻々に変化する行為の中に願いや悩みを読み取り、それに身体で応答する高度の精神作業」［津守、2007］と述べている。これは、保育者が「ここ」にいる子どもたちの「いま」を肯定して、保育者自身が関わりつきあっていくということを示している。これは、必ずしも形の整ったスマートなことばかりではない。保育者自身も心を迷わせ、いっしょに笑ったり泣いたりしながら、子どもにつきあっていくことである。

②間接的な関わり

しかし、一心不乱に子どもと関わることだけが、保育士の仕事ではない。それだけでは「場当たり的な保育」になってしまい、前述した「保育の専門性を有する」という点では欠けるものとなってしまう。

では、直接的な関わりのほかに、どのようなことが必要なのか。直接的な関わりを充実させるために、計画や省察という行為（間接的な関わ

り）が大切になってくるのである。

　この計画や省察は、どのように捉えていけばよいのであろうか。厚生労働省による「保育所における自己評価ガイドライン」では、保育現場での「PDCAサイクル」の導入が強調されており、保育指針を踏まえた保育課程の編成や、それに基づく指導計画の作成の際、計画に基づき実践し、その実践を評価し、改善に結びつけることの重要性が示されている。PDCAサイクルとは、Plan（計画）→Do（実行）→Check（確認）→Action（改善）の流れを表したものである。これはもともと製造業や建設業の世界で、生産管理や品質管理の業務を進めるための循環モデルであったが、今日、製造業や建設業だけでなく、学校教育の世界にも広く浸透しているものである。これを「保育実践」に当てはめて考えていくという流れがある。

　保育士の職務には、子どもと直接関わっていくことのほかに、計画や振り返り（省察）といった行為が求められ、専門性につながる部分として考えられている。計画、実践、振り返り、計画の見直しのうちの何が欠けても、専門職である保育士の職務としては不十分である。

(2) 保護者との関わり

　入所児の保育と、その保護者への支援は切り離して考えることはできない。保育所は、保育により保護者の就労を支えることはもちろん、保育を通して保護者の子育てを支える役割も有している。保育所保育指針第6章（前文）には以下のように示されている。

　　保育所における保護者への支援は、保育士等の業務であり、その専門性を生かした子育て支援の役割は、特に重要なものである。保育所は、第1章（総則）に示されているように、その特性を生かし、保育所に入所する子どもの保護者に対する支援及び地域の子育て家庭への支援について、職員間の連携を図りながら、（中略）積極的に取り組むことが求められる。

これは、幼稚園教育要領よりも、より明確に子育て支援の仕方として保護者との関わりが保育士の業務であると述べられている。「子育て支援」の最終的な目標は「子どもの最善の利益」にあるので、親を支援することは、「保護者の養育力の向上」につながっていかなくてはならない。親が子育てを任せきりにするのではなく、親がよりよく子どもを育てるようにしていくための子育て支援という考え方である。

　また保育所保育指針第6章の2では、保育所に入所している子どもの保護者に対する具体的な支援が述べられている。具体的には、日常のさまざまな場面（送迎時、連絡帳、通信、行事など）で、相談や助言に対応していくことや、延長保育、休日保育、夜間の保育、病児・病後児の保育などの面からの支援、障害や発達上の課題が見られる場合への支援、育児不安等における個別の相談による支援などである。また不適切な養育等が疑われる場合には、地域で要保護児童対策地域協議会を設置する義務があり、虐待が疑われる場合には、児童相談所に通告し、適切な対応を図ることが求められている。

　以上のような「保護者支援」は、保育所の義務とされているのである。

(3) 地域との関わり

　保育所保育指針第6章の3 (1) には、地域における子育て支援について述べられている。保育所などに子どもを預けていない、家庭で子どもを育てている保護者についての支援である。

　　保育所は、児童福祉法第48条の3の規定に基づき、その行う保育に支障がない限りにおいて、地域の実情や当該保育所の体制等を踏まえ、（中略）地域の保護者等に対する子育て支援を積極的に行うよう努めること

　「その行う保育に支障がない限りにおいて」と前置きがあるので、これは努力義務になっている。「保育所に入所している子どもの保護者に

対する支援」は義務であるが、「地域における子育て支援」は、努力義務となっているのである。「当該保育所の体制等を踏まえ」ということなので、地域の実情に合った形で行うということである。例えば、その地域の子育て支援センターと分担していくというように、いろいろな実情を踏まえた形で行う。

　具体的にどのような支援をしていくかというと、「地域の子育ての拠点としての機能」と「一時保育」の2点が挙げられている。前者は、具体的には、保育所機能の開放、体験保育等、子育て等に関する相談や援助、子育て家庭の交流の場の提供および交流の促進、地域の子育て支援に関する情報の提供である。後者の一時保育については、通常保育所に通っていない子どもでも、一時保育の支援を行うということである。

【引用・参考文献】
　厚生労働省「保育所における自己評価ガイドライン」2009年3月
　こども未来財団編『目で見る児童福祉』新日本法規出版、2011年
　全国保育士会編『全国保育士会倫理要綱ガイドブック〔改訂版〕』全国社会
　　福祉協議会出版部、2009年
　津守真『保育者の地平線』ミネルヴァ書房、2007年
　保育福祉小六法編集委員会編『保育福祉小六法』みらい、2011年
　無藤隆『保育の学校〈第1巻〉～〈第3巻〉』フレーベル館、2011年

第4章

保育所の機能

小野　友紀

第1節　入所する子どもの保育

　保育所は地域に存在する児童福祉施設としての「役割」と「機能」を有している。保育所の重要な役割の一つとして、入所する子どもへの保育がある。保育所保育指針（2008年3月改定）は、保育所保育の目的として、「入所する子どもの最善の利益を考慮し、その福祉を積極的に増進することに最もふさわしい生活の場でなければならない」（第1章2（1））としている。

1．子どもの最善の利益を考慮する

　保育所に入所する子どもは「保育に欠ける」状況であることは、すでに学んできた。その状況は親の就労や疾病など入所理由が保護者側にあることは言うまでもない。しかし、保育所における保育は決して親の利便性を重視した機能のみに偏ることなく、なにより子どもの生活や成長発達を保障するものでなければならないのである。

2．最もふさわしい生活の場とは

　基本的な生活習慣を身につけながら、無理なく過ごせるような環境の配慮がなされ、家庭との連携を通して一日の生活が保障される場が保育所である。狭いスペースにおおぜいの子どもたちを入所させ、窮屈な生活を強いたり、子どもへの愛情や自己研鑽の意識のない者が日々の保育に携わったりすることがないように、保育所における設備の基準（保育室の面積や調理室の設置など）や職員の人員配置など、最低基準を下回ることがないように「児童福祉施設最低基準」（1948年制定、2012年「児童福祉施設の設備及び運営に関する基準」に名称変更）（厚生労働省）で定められている。

3．保育の機能と保育形態

　保育所保育は、子どもの発達過程や保育の形態によって、その保育内容が変わる。子どもへの保育の機能として、下記のような形態が挙げられる。

(1) 乳児保育

　児童福祉法の規定では、乳児とは1歳未満児を指すが、通常、保育所保育では幼児クラス（3～5歳児）に対して乳児クラスは3歳未満の子どもを指す場合が多い。乳児保育を実施する保育所でも、入所可能な月齢は、産休明け保育（通常、産後9週以降）、生後4カ月、6カ月、12カ月など、園によって受け入れの状況はさまざまである。

　最も成長・発達の著しい乳児を扱う保育においては、保育士は他の専門的知識を有する職員（看護師、調理員、栄養士、嘱託医等）との連携を図りながら、家庭での生活時間を含めた24時間の生活リズムに配慮した保育を考える必要がある。

(2) 幼児の保育

　幼児の保育については養護的側面に支えられながら、教育的側面への配慮が重要になってくる。

　「教育」とは、「子どもが健やかに成長し、その活動がより豊かに展開されるための発達の援助」（保育所保育指針）であるとされているが、その方法については、子どもが自主的・意欲的に関われるような環境構成の下で、子どもどうし、あるいは保育者との関わりの中で生活や遊びを通して行われるものである。

(3) 異年齢保育

　年齢の違う子どもたちが同じクラスで過ごせるようなクラス編成で行

う保育である。「縦割り保育」ともいわれ、年齢の違う子どもがいっしょに過ごすことにより、年上の子どもは年齢の低い子どもに対する思いやりの心が育ち、年下の子どもにとっては年上の子どもを模倣して興味や関心を広げていくことにつながる。また、年齢の違う集団の中で規律（ルールや決めごと）を守ろうとする姿も見られる。少子化により兄弟が少なく、年齢の上下で関わる機会が少なくなった近年では、異年齢保育により兄弟関係に近い人間関係を体験することの意義は大きい。

4．環境による保育

　保育所における保育は、環境を通して、養護および教育を一体的に行うことを特質としている。保育の環境には、保育士をはじめ、園長、看護師、栄養士、調理員などの職員や子どもを含めた人的環境、施設や遊具などの物的環境、さらには四季折々の自然や地域社会の事象などがある。これらの環境を計画的に構成し、その環境に子どもが主体的に関わることで心身の発達が促されるのである。

　具体的な環境の設定については、各保育所における保育理念の下に作られた保育課程に基づいたものになるが、どのような環境構成にあっても、子どもの安全が確保され、生き生きと活動し、さらに家庭的なくつろぎや安らぎが得られるような環境が望ましい。

　環境による保育は、あくまでも子どもが主体的に関わることが重要であり、保育者は子どもの活動を見守りながら、ときには遊びを発展できるように援助する役割がある。子どもの発達過程を十分に理解し、一人ひとりの子どもの育ちに寄り添った保育を行うことが求められる。

5．保育所の一日

　保育所の開所時間はおおよそ10～12時間であるが、保護者の勤務時間や通勤距離などによって、保育時間は個々に異なる。また、保育所の開所時間も延長保育や夜間保育の実施などにより、長時間開所のところ

図表1　ある保育園の一日

	7	8	9	10	11	12	13	14	15	16	17	18	19
0歳児クラス	登園	睡眠		離乳食	遊び	睡眠		離乳食	遊び		順次降園		
1・2歳児クラス	登園		おやつ	遊び		食事	睡眠			軽食	遊び	延長保育	
3・4・5歳児クラス	登園		遊び		課業	食事	睡眠			おやつ	遊び	延長保育	

出典：東京都K市K保育園「保育園のしおり」を基に作成

も増えている。

　長時間保育の子どもには、ゆったりとくつろげる時間とスペースの確保、また、夕方から友達が降園していく姿を見て寂しくならないような配慮も必要である。延長保育を行っている保育所においては、延長の補食（軽いおやつ）を用意し、家庭で夕食を食べる時間までの空腹をしのぐことができるような対応が多くの園で取られている。

　図表1は、保育園の一日の日課の事例である。

第2節　保護者への支援

　保育所には保護者の就労支援および家庭における育児支援の役割がある。保護者は子どもを保育所に登園させてから職場（自営業あるいは自宅勤務もある）に向かう。そして、勤務時間を終えると保育所に子どもを引き取りに行き、帰宅するといった生活を多くの場合は送っている。この間、子どもを安心して託せる保育所があるということこそ、親が安心して就労できることにつながるのである。

　保護者が仕事と子育てを両立できるような支援の内容としては、休日

保育、夜間保育、病児・病後児保育などがある。しかし、これらの保育内容も、保護者が保育所に子どもを任せきりにするためのものではなく、あくまでも支援の体制であり、子どもの生活への配慮が重要であることは言うまでもない。

１．保護者支援の一環としての実践

　子どもの生活は家庭から保育所へ、保育所から家庭へと連続しており、保育士と保護者との信頼関係は、相互の意思疎通の積み重ねによって成り立っている。
　以下に、保護者支援の一環としての保育所での取り組み例を示す。
　①口頭でのやり取りや連絡帳を通した保護者との連携
　日々の保育の様子を連絡帳や口頭などで丁寧に伝えることは、保護者支援につながる。日中、保育所で過ごす子どもがどんな様子で、どんな表情で遊んでいたか、友達との関わりの中で生き生きと楽しそうに遊んでいたこと、保育の中で初めて体験したことに夢中で取り組んでいたことなど、ちょっとした出来事でも保護者に伝えることは、保護者との信頼関係を築くうえでも重要である。しかし、ときには保育中に子どもの体調が悪くなったり、けがをしたり、友達とけんかをすることもあろう。その際にはきちんとその旨を伝え、帰宅後に家庭で行ってほしい配慮などを伝えることも、保育者の大切な役割である。
　②保護者会
　一定期間ごとにクラス（あるいは全体）の保護者が集まる会である。多くの場合、保育所での子どもの様子を保護者に伝えたり、家庭での様子を聞いたりする「懇談会」の形式で行われる。他の家庭での子育ての悩みを聞いて自分の家庭を振り返る機会になることもあり、保護者どうしの連携を深めることができるため、開催の意義は大きい。
　保育所によっては、日ごろの保育の様子をビデオに収めて保護者会で視聴するなど、子どもの様子をより良く知ることができるための工夫を

凝らしている。

③個別面談

保育所での子どもの様子を保護者に伝えたり、家庭での子育ての悩みを保育者が聞いたりなど、個別に面談を行う。集団で行う保護者会の場では、相談しにくいことなどを話し合うことができるメリットがある。

特に、育児不安などが見られる場合には、保護者の希望に応じて個別の支援を行うよう努める。

④行事への参加

運動会や親子遠足、お泊まり会など、保育所ではさまざまな行事を行っている。このような行事に保護者が参加し、わが子の成長をあらためて実感することや、他の保護者との交流を深めることなどの意義がある。生活発表会では、保護者を招いて、子どもたちが日々の活動の中で練習した歌や演劇を披露する。年長クラスの保護者にとってはわが子の成長を実感する行事であり、また、年少クラスの保護者は、今までの成長と同時に将来の成長に見通しが持てる機会にもなる。

また核家族化によって、生活の知恵や文化などの伝承の機会が減っているため、子どもたちが日本の文化に触れることを目的とした活動を行う保育所が多くある。給食で行事の伝承料理などの提供を行う保育所もあり、食文化の継承も考えられている。

⑤保育参観（保育参加）

日ごろの保育を参観したり、保育に参加したりする機会を提供する。保育所での子どもの様子をより具体的に知ることができる。保育者と子どもたちの関わりに触れることで、家庭での育児の参考にもなる。

⑥試食会・離乳食の説明会等

保育所では給食の提供があり、調理員や栄養士（0歳児保育を実施している場合）を配置している。

子育てにおける悩み事の多くは、食事に関することであるという報告があるが、保育所現場においては、実際に保護者からの食事についての

相談は少なくない。そこで、保育所給食の味つけや調理方法などを知ってもらうための試食会や、離乳食の講習会などを開催している保育所の事例が多くある。食育支援の取り組みとして試食会等を行う保育所もある。

⑦延長保育

近年、保護者の就労時間の延長や、多様な就労形態により、保育時間を延長する必要が出てきた。延長保育ができることで、保護者の就労はより保障されることとなったが、長時間保育による子どもの負担は少なくない。子どもの健康状態、生活リズム、発達の状況などに留意して保育する必要がある。

延長保育時間には、補食と呼ばれる軽いおやつを提供したり、保育所によっては、夕食を提供するような時間帯での保育をしているところもある。

2．その他の保護者支援の機能

(1) 保育所内の他職種による支援

保育所には保育士だけでなく、看護師、栄養士、調理員、嘱託医等の専門職員が配置されている。それぞれの専門性を生かした保護者支援の役割には、次のようなものがある。

①看護師

登園時の視診に始まり保育所生活における健康状態の把握、感染症の予防や衛生面の配慮などの職務がある。

午前中には元気に遊んでいた子どもが、午後には発熱し体調をくずすことも珍しくはない。看護師は体温を測り便の性状を確認し、ぐったりしていないかどうかなど、子どもの状況を見極めて必要に応じた処置を施す。一方、子どもが体調をくずしたことを保護者に知らせ、早めに迎えに来てもらうように伝える（保育士または主任・園長が連絡する場合もある）。保護者が迎えに来た際には、看護師は子どもの容態を説明し、

必要なアドバイスをすることも大切な役割である。また、子どもの健康上のことで保護者からの相談を直接受けることも少なくない。その他、年間を通じた「保健だより」等の発行など、健康に関する情報の発信をしている事例もある。

②栄養士

栄養士が配置されている場合には、献立作成による栄養管理を行うとともに、保育士、看護師と共に食生活の視点からの健康管理を行う。また、近年増加する食物アレルギー児への食事対応や、体調不良の子ども、障害のある子どもの食事への配慮など、嘱託医、かかりつけ医等の指示や協力の下、保護者と連絡をとりながら専門性を生かした対応を行う。

保護者の悩み事のうち「食」に関することは少なくない。特に、乳児期の離乳食から調理形態、食事量、遊び食べ、好き嫌いなど、保護者からの食に関する相談を栄養士が受ける事例は多い。また、食育の推進が明示され、家庭への食育支援として試食会や離乳食説明会の開催、「給食（食育）だより」「献立表」等の配布などを行う事例もある。保育所で行われる子どもへの食育活動は、子どもを通して保護者に働きかける効果も期待されている。

③調理員

食育の教材とも言える「給食」の調理に携わっている。最近は、給食業務の委託なども進み、必ずしも保育所直営の人員ではない場合もあるが、子どもたちにとって「自分たちの食事の用意をしてくれる大人」という「食育の人的環境」としての意義は大きい。また、栄養士が配置されていない場合には、調理員が食育活動の推進者として、子どもや保護者に働きかけることも少なくない。子どもが良く食べた給食メニューの作り方などを保護者から質問されることもあり、日常の子どもの食生活に関わることのできる立場でもある。

④嘱託医

一定期間ごとに行われる健康診断をはじめとして、看護師からの健康

管理についての相談や、栄養士へのアレルギー児や体調不良の子どもの食事についての指示など、健康管理における指導的な立場にある。保護者からの直接の相談にも応じ、心身の健康面からの保護者支援を行う。

(2) 外部の社会資源との連携

保育所保育指針には、「保育所は入所する子どもを保育するとともに、家庭や地域の様々な社会資源との連携を図りながら、入所する子どもの保護者に対する支援及び地域の子育て家庭に対する支援等を行う役割を担う」(第1章2 (3)) とある。ここでは、連携を図るべき「社会資源」について触れる。

社会資源とは、児童相談所、福祉事務所、市町村相談窓口、市町村保育担当部局、市町村保健センター、児童委員・主任児童委員、療育センター、教育委員会など、公共性の高い施設・機関や関係者などから、園児のかかりつけ医や地域を担当するケースワーカー等の人的資源も含まれる。

家庭のあり方も多様化している現在、保護者から寄せられる相談の内容も、保育所内で解決できるものと、他の専門機関との連携により解決すべきものがあることを理解しておく必要がある。

例えば、日々の視診で見つけられた園児の身体のあざや傷、また身体測定での体重増加の不振などは、その原因を把握する必要がある。もし、虐待など園児に不利益な状況を発見した場合には、速やかに児童相談所や市町村などに報告し、適切な対応を図る。保護者支援は保護者に対して行うものであるが、子どもの最善の利益を考え、福祉を増進するという基本的な役割を忘れてはならない。

第3節　地域の子育て支援の機能

　保護者支援において地域の社会資源との連携を挙げたが、保育所自体も社会資源の一つである。保育所における地域の子育て家庭への支援は、「地域子育て支援事業」として、2008年の児童福祉法改正で社会福祉事業（第2種）として法制化された（児童福祉法第6条の2第6項）。

1. 地域子育て支援拠点事業の基本事業

　この事業の類型は、①広場型（公共施設や空き店舗、民家、マンション・アパートの一室などを利用）、②センター型（保育所、医療施設、公共施設等で実施）、③児童館、があり、実施主体は「市町村、社会福祉法人、NPO法人、民間事業者等への委託」も可能である。保育所は、このうちセンター型に属し、地域の子育て情報の収集・提供に努め、子育て全般に関する専門的な支援を行う拠点として機能するとともに、地域支援事業活動を実施している。以下に基本事業の実例を挙げる。

①子育て親子の交流の場の提供と交流の促進
　保育所の一部（保育室・ホールなど）を地域の親子に開放し、親どうし、親子、子どもどうしの交流の場とする。給食の試食などができる保育所もある。

②子育て等に関する相談・援助の実施
　保育士や園長による子育ての悩みの相談や、看護師による乳児の身体測定、嘱託医による健康相談、栄養士による栄養相談を行う事例などがある。

　家庭で育児に専念することで、育児の悩みが増大するケースも少なくない。例えば、1歳前後に食事の介助を嫌がり、手づかみで食べるようになったわが子の姿にストレスを感じている母親が、保育所の同年齢児

が給食を手づかみで楽しそうに食べている姿を見て、ほっとした表情を見せるといったことは少なくない。育児の心配事は、口頭で相談するまでもなく、保育所に通う他の子どもたちを見ることで解消されるケースもよくある。先の事例では、保育者が「手づかみ食べが年齢相応の発達の現れであること、そして手づかみで食べることが大切なステップであること」などを説明したうえで、「食べ物をこぼしてしまっても、テーブルの下にシートなどを敷いておけば、後片づけが容易なこと」などを伝えることで、家庭における悩みの解決となるであろう。

③地域の子育て関連情報の提供

自治体で開催される育児関連講座や子育てひろば、児童館の情報など、保育所以外での地域支援の情報を提供する。

④子育ておよび子育て支援に関する講習等の実施

保育所内外の保育に関する専門家による「育児講座」などを開催する。講座を受講している間、子どもを保育者に預け、親はじっくり講演を聴くことができるといった例もある。そのような事例では、講座に参加した保護者から「久しぶりに子どもと離れて自分が学習を受ける立場になり、子育て中の大変さを一時忘れた」ことや、「初めて他人に子どもを

図表2　ある保育所における子育て支援事業

- すこやかルーム（0歳児）…玩具や赤ちゃん体操で楽しく遊んだり、身長、体重の計測をしたり、離乳食の紹介をします。
- すこやか広場（1～2歳児）…身体を使って遊んだり、人形劇を「見たり、身長、体重の計測をします。園の祭り、運動会にも参加します。
- 育児講座…食事のこと、発達のこと、遊びのことなどをみんなで学び合います。
- 保育所体験…園児と遊んだり、給食を食べたりして保育園での遊びや生活を体験します。
- あそぼう会…近くの公園に集まって、触れ合い遊びや追いかけっこをして遊んだり、紙芝居を見たりします。
- 園庭開放…子どもたちが安心して遊べる場です。
- 育児相談…どんなことでも気軽にお話をしましょう。
- 一時保育…緊急で一時的に保育が必要なお子様をお預かりいたします。

出典：K保育園「保育園のしおり」を基に作成

預けて不安だったが、子どもが楽しく遊んでいたということを聞いて、子どもの成長を（客観的に）感じることができた」などの感想が少なくない。

なお、**図表2**は、東京都下にあるK保育園における子育て支援事業の一例である。

2. 子育て支援の今後と支援の限界

地域の子育て支援事業はまだ始まったばかりである。保育所に子どもを預けている保護者は、預けていない保護者に比べて育児の不安が多いという報告もある。核家族化が進み、子育て経験のある年配者からのアドバイスもないまま、育児の悩み事を抱えながら子育てしている地域の家庭は、今後増加していく可能性がある。しかし一方で、保育所の機能である「子どもの保育」や「保護者支援」をないがしろにしての地域支援は、保育所の機能不全を意味するものである。

家庭への育児支援は、家庭における子育ての機能を肩代わりするものではなく、親の円滑な子育てを支援するものであることを念頭に置き、保育所が全てを抱え込まないことも重要である。地域の子育て支援においても、地域の他の社会資源との連携を図りながら支援の限界を超えない努力も必要である。

【引用・参考文献】
　厚生労働省『保育所保育指針解説書』フレーベル館、2008年
　塩谷香編著『保育者・子育て支援者のための家庭支援ガイド』ぎょうせい、
　　　2010年
　民秋言編『幼稚園教育要領・保育所保育指針の成立と変遷』萌文書林、2008年

第5章

保育所実習の内容

五十嵐淳子
船田　鈴子

第1節　実習の段階

1. 保育所保育実習

　保育所保育実習は、乳幼児への関わり方を学習し、保育士の仕事や役割を知る重要な機会である。保育士を目指すに当たって、学校で学んだ保育の知識を実践の場で試したり確認したりしながら、具体的に統合を図ることが必要である。

　保育士の職務内容は、直接子どもと関わる以外にも多岐にわたっている。子どもの心身の発達と安全を考慮し、望ましい経験や活動が展開されることを予測した環境構成は、保育を進めるうえでは不可欠の要素である。

　保育士を目指すためには、乳幼児が生涯にわたる人間形成の基礎を培う重要な時期にあることを理解し、実際に子どもと生活することにより養護と教育が一体となった保育所の内容・機能、保育士の職務や役割について、実践を通して体験的に学ぶことが大切となる。

　ここでは、保育所保育実習はどのようなねらいの下に行われるのかを以下のように整理した。実習においてたいへん重要となる項目であるので、ぜひ参考にされたい。

・各発達段階の子どもの関わりを通して乳幼児の成長・発達の姿を理解する。
・保育所の概要を知り、それらの役割・機能について認識するとともに、保育士の職務内容を理解する。
・子どもを愛する心を育て、専門職としての倫理観や資質を養う。
・習得した理論や技能の実践を通して総合的に理解を深め、応用能力を身につける。

・養護と教育が一体となった保育を理解する。
・子育てを支援するために必要な力を養う。

2. 保育実習Ⅰ

　保育実習Ⅰでは、観察実習・参加実習・部分実習が行われる。実習保育所によっては、保育実習Ⅰの段階でも全日（責任）実習を行うところもある。保育所によって異なることもあるため、保育所の方針に従い、保育士の指導の下に実習を行うことが重要である。

　保育実習Ⅰの段階では、実際にどのようなことを行っていけばよいのか、実習内容を見ていくことにする。

　①**保育の一日の流れを理解し、子どもの名前を覚え、保育に参加する**

　保育所での一日の流れをつかむことで、実際に、保育所の中で子どもたちがどのような生活を送っているのかを理解できる。どのように一日が構成されているのかを把握することは、実習の最初の段階で重要なことである。

　また、子どもの名前を覚えることも大切である。子どもにとって、自分の名前を実習生に覚えてもらうことはとてもうれしいことである。子どもの名前を呼んで声かけを行うと、子どもは喜び、実習生への関わり方も変わってくる。したがって、できるだけ早く子どもの名前を覚えるように努めてほしい。

　さらに、子どもの名前を覚えるだけでなく、自分の名前を覚えてもらうにはどうしたらよいかを考え、オリジナリティを出すことも大切である。子どもに覚えてもらうように名札を作ったり、名前の紹介方法を工夫したりすると、子どもとのコミュニケーションを図るきっかけになるだろう。

　②**事前に学習した子どもの発達段階を参考にしつつ、実際に子どもの様子を見て理解を深める**

　年齢による発達段階の特徴を押さえておくことは、実習を行ううえで

も非常に重要である。しかし、発達には個人差があり、一人ひとりの発達の特性に応じた援助が求められることを認識しておく。個々の発育の違いや生まれ育った環境により、同年齢の子どもにおいても発達に差異が生じることを踏まえて子どもと関わることが大切である。

③保育士と子どもの関係を学ぶ

保育士が子どもとどのように関わっているかをよく見ておくことで、保育士と子どもの関係性を学ぶことができる。どのように個々の子どもとの関わりを持つかを学ぶことで、一人ひとりに寄り添った保育を行うということが見えてくるだろう。

④食事や排泄・遊び・午睡・着脱などの子どもの活動に対して、さまざまな環境の中で具体的にどんな援助をしているのかを学ぶ

保育士がどのような場面で、どのように子どもと関わっているのかをよく見て、保育士の援助の仕方を学ぶことが大切である。実習生は子どもの姿を見ると、すぐに手伝ってあげたくなったり、声をかけたくなったり等、援助することに重点を置いてしてしまいがちである。しかし、実際は、その子どもにとって良いと思った行為が逆に子どもの発達を阻害してしまうことにつながることもある。

保育では「待つこと」や「見守ること」がとても大切である。子どもは発達途中の段階であり、やろうとしてもなかなかできなかったり、手こずっていたりする場面が多く見られる。もちろん、場面や状況に応じた適切な声かけや援助が必要であるが、子どもを援助するということは子どもの手伝いをすることではないことを頭に入れておいてほしい。

⑤褒めるとき、叱るとき、集中させるとき、子どもの要求に対するとき等、具体的にどのような態度・表情・言葉で援助しているのかを学ぶ

ここでは実習生が体験した声かけに関しての事例を紹介する。

〔事例1〕やんちゃなH君との関わり

　クラスのやんちゃなH君との関わりのことです。すぐに手が出てしま

う子で、目が離せないのですが、初めて注意をしたとき、H君は怒って私に砂をぶつけてきて、泣いて行ってしまいました。他の子は「先生だいじょうぶ?」、「気にしなくていいよ、いつものことだから」と言っていました。その日一日はH君に関わろうとしても怒っていて「こっちに来るな」と言われてしまいました。担任の教師に相談をしてアドバイスをもらいました。翌日も翌々日もH君から目を離さず、私から一方的にではありましたが関わりを続けていたら、翌々日頃からH君のほうから駆け寄ってきてくれるようになりました。実習最終日の日はH君が「先生にプレゼント」と言って折り紙をくれました。初めはショックでしたが、諦めずに関わりを続けてがんばったことが、少しでもH君の気持ちを和らげ、分かり合えたことにつながったのではないかと思いました。

　実習当初は、どのような声かけをしたらよいか戸惑うことも多いはずである。保育士の声かけの仕方を学び、積極的に声を出して関わっていくことが大切である。子どもは非常に敏感で、大人以上に心の中を見破ることができる。気持ちをこめて丁寧に声かけを行っていれば、すぐには伝わらなくても必ず子どもに伝わるものである。

⑥健康・安全・疾病予防への配慮について理解する
　常に子どもの健康状態に配慮し、子どもの安全を守ることはたいへん重要である。下記は、実際に園長から実習生が褒められた安全に関わるエピソードである。

　〔事例2〕子どもの目線に立つ
　　雨の日の翌日に園庭で朝の掃除をしていたのだが、滑り台の上まで昇って確認し、濡れた木の葉を拾っていたところ、園長先生から「言われたところだけでなく、よく気づいたわね」と褒めていただいた。子どもたちが滑り台で遊ぶときに滑って転ばないようにと思い、掃除をしていたのだが、子どもの目線に立って考えて実行することや気づいて動く

ことの大切さを改めて実感した。

このように保育者は、子どもがいない場面でも子どもの健康と安全を考え、常に子どもが安心して過ごせる環境を整える必要がある。保育所では掃除も仕事の一つであるが、子どもの視点に立った掃除を徹底することは、子どもの安全を確保することにつながると言える。

3. 保育実習Ⅱ

保育実習Ⅱでは、担当保育士に代わって、責任を持って保育を行い、部分実習もしくは全日実習（責任実習）と呼ばれる実習を子どもの前で行い、計画と実際について理解する。子どもと信頼関係を築きながら、保育士の指導の下、子どもへの援助および保育、教材・教具の準備、環境の構成、クラス運営のための事務処理などを補助するとともに、子どもの健康、安全管理・危機管理体制を把握する。

保育実習Ⅱの段階では、保育実習Ⅰでの実践を生かし、実習をより深めていくことが必要となる。保育実習Ⅱで実際にどのような実践を心がけて実習を行っていけばよいのかを見ていくことにする。

①子どもの名前を覚え、積極的に遊びの仲間に入り、ありのままの子どもの姿を知り、子どもを理解する

積極的に申し出て保育活動に参加する意欲が大切である。子どもとの関わりを通して、その子どもにとって望ましい発達をするためには、どのような経験が必要なのかを考えて、一人ひとりの子どもに寄り添った援助を行う。

②健康、安全のための環境整備を、子どもの具体的な活動（食事、排泄、午睡、着脱、清潔、遊び）との関連で学ぶ

掃除・整理整頓などを率先して行い、そのことが子どもの安全、健康、快適な生活と深く関わっていることを理解する。

③基本的な生活習慣や社会的習慣の指導について、各場面に沿った指

導の仕方を学び、保育士として必要な資質・能力を養う

　指示されたことや指導されたことは、着実に実行する。かってに判断せずに、分からないことがあったときは担当保育士に質問する。保育所によって方針が違うことを理解し、細かい指示も必ず守るようにする。

　子どもが誰の援助もなく、自分自身で物事に取り組み、できたときのうれしさや喜びを味わうことは、子どもにとって貴重な経験の一つになる。さらに、そのような経験を踏むことによって自信が生まれ、自己を認めることができるようになる。保育を通して、目に見えない発達の部分に対してなおざりにすることなく、子どもの育ちを大事にし、見守っていくことが求められる。

④担当保育士の助言や姿から学ぶ

　毎日の実習記録は時間の経過に沿って、子どもの活動とそれに伴う保育士（実習生を含む）の援助や環境を記入する。また、自由記述や反省等、実習での具体的な事実や、そのことを通した担当保育士からの助言、感動したこと、考えたこと等も記入する。その際、読み手のことを考慮して、丁寧な字で記入すること。一度注意された誤字や脱字は、再び注意されることがないようにする。

　常に全体を見回すことのできる位置に立つようにし、自分が接している子ども以外にも目を向けられるようにする。また、担当保育士の指示を待つだけでなく、常に気を配り、援助が必要な際に速やかに行動に移すことが求められる。

⑤家庭と地域の実態に触れ、支援や連携のあり方について学ぶ

　保育士は送迎時の際に、簡単な子どもの話題を通じて保護者とのコミュニケーションを図っている。実習生はその様子を観察するとともに、臆することなく、元気よく笑顔で挨拶することが必要である。

　また、地域の協力を得て、年間行事を行っている園も多い。実習が園行事と重なっている場合は、積極的に行事の手伝いを行い、どのように地域との関わりを持っているのかを知ることが大切である。

第2節　実習の内容

1. 観察実習

　保育所の施設、設備、職員組織、乳幼児のクラス構成を知り、保育所の物的・人的環境について把握する。実際に子どもと関わりながら、保育所の一日の流れの全体を把握し、各場面における保育士の子どもとの関わり方や援助の仕方を知る。

　乳幼児の発達段階の特徴や配慮事項など、保育所保育指針等で学習したことや学校で学んだことを踏まえ、実際の子どもの姿や生活の様子を見ることが重要である。また、保育士の職務内容や子どもとの関わり方、援助方法を知ることも必要である。

　観察する際に、記録をとることは非常に大切である。エプロンのポケットに入る程度の大きさのノートであれば、メモを取りたいと思った際にすぐに取り出すことができ、書き留めることができる。メモをする場合は、保育の流れを妨害することがないように常に注意を払うことが重要である。メモを取ることに一生懸命になり、子どもや保育士との関わりを忘れないようにしなければならない。

　観察実習では、観察という言葉に惑わされることなく、見ているだけの傍観者にならないように注意しなければならない。子どもといっしょの活動を通して子どもの様子を観察することが大切である。

2. 参加実習

　担当保育士の指示や指導に従って保育を手伝いながら、保育士の役割の実際を知る。保育の場に入り、参加する中で主体的・直接的に乳幼児と関わりながら保育について学ぶ。子どもたちとの信頼関係を構築し、

園児の生活の実態や保育の基本、乳幼児の生活の実態および行動を理解する。信頼関係を築くうえでも、実習に入ったら、できるだけ早く子どもの名前を覚えることが大切である。

　子どもにとっても、自分の名前を実習生に覚えてもらうことはとてもうれしいことである。子どもの名前を呼んで声かけを行うと、ただ声かけをするのとは関わり方も変わってくる。できるだけ早く、子どもの名前を覚えるように努めてほしい。

　保育現場からは、よく「積極的に動いてほしい」という声を耳にするが、積極的に動くとは具体的にどのようなことなのであろうか。積極的になるためには、保育の一日の流れを理解することが必要である。流れが理解できれば、次はどのように動けばよいのかを予測して行動することができる。自分では判断がつかないことや分からないことがあった場合は、疑問点をそのままにしておくのではなく、担当保育士に質問して行動することが大切である。

3．部分実習

　実習生が、一日の保育の中の一部分の時間を使用して保育を実践し、保育補助をしながら保育について学ぶことである。

　観察実習が基礎になり、保育士の子どもへの関わりや子ども一人ひとりの様子、名前を覚えておいたことが生かされて、実際に保育に当たる部分である。誰もが初めからうまくできないのは当たり前である。実際にやってみる過程で、気づきや学びがある。担当保育士の指導をすなおに受け入れ、常に学ぼうとする意欲的な態度が必要になる。

　部分実習は、自分の得意とする活動の中から、子どもの関心が高く、短時間かつ簡単で難しくないものを選ぶようにすることが重要である。

4．全日実習

　全日実習（責任実習）は、実習生が担当保育士に代わって一日の保育

を実践する実習の総まとめの段階である。実習生が一日の保育に責任を持ち、実践しながら保育を学ぶ。

また、月案・週案を基に作成した指導計画（指導案）を担当保育士に提出する。担当保育士の助言を積極的に受け、指示されたことや指導されたことは、着実に実行する。自分でかってに判断せずに、分からないことがあったときは必ず担当保育士に質問する。保育所によって方針が違うことを理解し、細かい指示も必ず守るようにする。

事前に指導を受けた計画に基づいて準備・実施し、終了後は自己評価・反省を行い、次回の実習へつなげること。毎日の実習の目標は、一日の反省・考察を踏まえて、次の日の目標を立てるようにする。目標は必ずその日に達成できるように全力を尽くすよう努力する。

第3節　実習課題の明確化

　保育実習の終了後は、充実感でいっぱいの人がいる反面、「うまくいかなかった」と思っている人もいるだろう。実習では不安や緊張で、思うようにいかないのは当たり前のことである。気持ちを切り替え、実習を振り返ることが次の実習へ向けて不可欠である。

　実習後は、日々の実習を通し、自分が感じた問題点を取り上げ、今回の保育実習の振り返りをすることが非常に重要となる。実習の振り返りを行い、整理することにより、今の自分に何が足りなかったのか、次の実習ではどのような点に気をつければよいのかを明確にすることが、次の実習へのステップにつながっていくのである。

　保育実習では、実習を踏まえ、保育の理論や実践との統合を図ることが大切である。保育士の役割や子ども理解をより深め、自己課題を明らかにするためには、保育実習を十分に振り返り、評価・反省をしていく

図表1　実習後の振り返りの例

学んだこと	とにかく子どもといっしょに遊ぼうと、外に出たときはいつも力いっぱい動き回っていたが、直接遊べなくても、見守りながら視線を送ったり声をかけたりするだけでも子どもは安心すること、自分にとっても次に自分を必要としているところや子どもを見つけるためにも、ときには落ち着いて遊びを見ることの大切さを認識した。
できたこと	実習のクラスの子どもの好きな遊びを覚えていて、絵本を読むときにそれを使ったところ、みんなで楽しく手遊びを行いスムーズに絵本を提供できた。
できなかったこと	3〜5歳児の発達段階や、実習をした時期の子どもの姿をよく認識していなかったため、適切な援助や声かけができなかった。

(筆者作成)

必要がある。

　実習の反省を生かし、がんばれなかったことは何か、足りなかったことは何かなど、保育実習での問題点や課題を探り、自己の課題を明確にすることが重要である。以下のエピソードや、保育実習の振り返りの例（**図表1**）を参考にし、自分の課題を見つけてほしい。

　〔事例3〕解決を導き出せる声かけ
　　泣いている子どもに「どうしたの」と声をかけても泣きやまず、なぜ泣いているのかを聞くことができなかった。その後、保育者が「何で泣いているのか言わなきゃ分からないよ」と声をかけ、周りの子どもたちからどういった状況だったのかを聞き、「じゃあどうすればよかったのかな。いっしょに考えてみよう」と、子どもに何がいけなかったのかを考えさせるように声かけをしていた。
　　次回の実習では、なぜ子どもが泣いているのか、なぜけんかをしてしまったのかを聞き出し、子どもが納得するような解決に導き、同じ失敗をしないためにはどうするべきか考えられるような声かけをしたいと思った。

　実習では、子どもから学ぶ姿勢を持ち、子どもの内面を読み取ることが大切である。実習という学びの機会を与えられることは、たいへんす

ばらしいことである。保育所および養成校の先生方、そして、支えてくれた家族や友達に感謝の気持ちを忘れずに努力していくことが、自己実現につながっていくのである。

【引用・参考文献】

猪狩貞良・神田伸生・米山岳広『実習前にこれだけは知っておこう 幼稚園・保育所・施設実習の手引き』専門教育出版、1999年

改訂・保育士養成講座編纂委員会『保育実習〔改訂4版〕』(保育士養成講座10) 社会福祉法人全国社会福祉協議会、2011年

神田伸生編著『子どもと社会の未来を拓く保育実習』青踏社、2009年

武村重和監修、畠山倫子編著『幼稚園・保育所・施設実習』(幼児教育法講座) 三晃書房、1990年

百瀬ユカリ『よくわかる保育所実習〔第4版〕』創成社、2011年

吉田眞理編著『生活事例からはじまる保育実習』青踏社、2012年

第6章

施設実習の意義

小口　将典

第1節　施設実習で何を学ぶのか

　家庭機能の低下、被虐待児の増加など社会的養護が果たすべき役割がより重要性を増してきている。今日ではwelfare（ウェルフェア）といった保護的視点ではなく、well-being（ウェルビーイング）という個の視点に立った生活の保障、その子どもらしい発達の保障、人権の保障というように、保育や福祉においてもその考え方の転換が求められている。

　ここでは、現代社会における社会的養護の意義について考え、社会的な支援を受けながら生活している子どもとその家族に関わる際の姿勢、支援の進め方、職員間の連携など、保育士としての役割と視点を学ぶ施設実習の意義を考えていく。

1. 今日における児童福祉施設の役割

　1947年に児童福祉法が施行された頃は、浮浪児や戦災孤児の保護が児童福祉施設の主たる役割であり、施設に入居（所）する子どもは、保護者との死別や貧困家庭などの問題が中心であった。戦後60年が過ぎた今日では、核家族化、少子化、離婚率の増加、家庭や地域の子育て機能の低下などが社会的な問題として挙げられるようになり、児童福祉施設が対象とする子どもと社会的養護の果たすべき役割は、質的な変化が要求されている。児童虐待問題に象徴されるような養育困難や育児放棄など保護者の養育が不適当と判断される事例が増え、子どもへの対応もより多様化し、保護者への支援もこれまで以上に求められている。

　また児童福祉施設は、障害のある子どもを対象とした支援も行っている。詳しい施設の機能や役割については第7章で述べられるが、子どもの障害や発達段階に応じた支援、保護者への療育相談なども行われている。近年では保育所においても障害のある子どもの受け入れが以前より

開かれるようになってきた。いずれにしても保育士は、原則的に0歳～18歳のあらゆる子どもたちに対応する専門的な知識と技術を十分に身につけておかなければならない。近年では保育や福祉の考え方の中に、「保護から自立支援」「児童福祉から子ども家庭福祉」というように、well-being（ウェルビーイング）の考え方から新しい概念が唱えられるようになってきた。

　施設実習では、現代の社会的状況を理解し、それぞれの機関・施設の目的と役割を認識しなくてはならない。保育士が支援する対象は保育所を利用する乳幼児だけにとどまらず、あらゆる社会生活上の問題を抱えた子どもとその家族であり、施設実習を通して、広い意味での保育の専門性を学ぶことに大きな意義がある。

2．施設保育士に求められる専門性とは

　児童福祉施設にはさまざまな種別があり、施設の目的や対象となる子どもの状況や障害特性によって保育・支援の内容が異なっている。施設を生活の場としている子どもを保育・支援する施設保育士と、保護者のもとから毎日通ってくる子どもを保育する保育所保育士とでは、その役割と求められる専門性は異なる。施設保育士の仕事は、子どもたちの生活全般にわたる支援が求められ、日常的な関わりの中で、いわば家庭としての役割を担う割合が大きい。また、障害特性や多様な問題を抱える子どもたちの内面を理解し、その育ちと発達に専門的に関わる幅広い役割を求められるのが施設保育士である。

　すでに述べたように、社会的養護を必要とする子どもたちの抱える問題が多様化する中で、同じ施設内の中でも個別性を重視した子どもへの対応が求められるようになってきた。例えば、児童養護施設には、死別・行方不明などの理由から保護者がいない子どもがいる。一方で、保護者の虐待によって入所してくる子どもの場合には、これまで子どもが過ごしてきた家庭状況や、虐待によって与えられた苦痛を理解した対応

が必要である。

　障害児施設も同様に、知的障害や身体障害という枠組みだけではなく、視覚・聴覚・言語・自閉症・内臓障害・ぜんそく・アレルギーなどの障害に関する詳しい知識と特性を理解した支援が求められ、保護者に対する助言や相談支援においても保育士は重要な役割を担っている。

　このように、保育士には子どもに関する幅広い知識と対応が求められる。施設実習を通して保育士が福祉専門職としてどのような役割を果たしているのかを認識して取り組まなくてはならない。

第2節　理解を深める受容と共感の姿勢

1. 子どもの受容と共感的理解

　保育実践において子どもの受容と共感的理解は、最も基本的な保育士としての姿勢である。施設への入所は、子どもにとっては「親とは離れて暮らす」という生活の劇的な変化であり、不安と混乱の中にいることがほとんどである。このような子どもたちに安心感を与え、これまで受けてきた心の傷もケアすることが保育士の役割である。

　子どもを理解し、一人ひとりの人柄・個性などのパーソナリティを大切にするには、子どもを受容し、子どもに合わせた感情や思いを共感・共有することが必要である。こうした保育士としての姿勢が基盤にあってこそ、子どもとの間に安心感と信頼関係を築くことができるのである。子どもを理解しようとする中で、保育士は自身の言動が、子どもにどのように受け止められているのか、常に敏感でなくてはならない。

　子どもを理解するという行為は「相手と自分がともに主体的な自己表現をしながら私的に感情を共有し合い、共に相手の感じていることを感

じ取ってなされる相互的なもの」［寺見、2004］であり、子どもの理解は保育士からの一方的な関わりの中では成立しない。これらお互いの関わりによる理解を窪田暁子は、「共感的相互理解」とし、「相手の情緒を受けとめ、同じような情緒を自身の中に体験するということと、相手のおかれている状況や直面している課題の内容を本人の不安や混乱を含めて具体的に認識すること」［窪田、1993］と述べ、保育士が子どもと共感的に関わる姿勢の技術を絶えず強化し続ける必要性を示している。

　子どもが示す一つ一つの行為は心の表現であり、子どもの内面を受け止めなくてはならない。子どもとの関わりが共感的になされたとき、保育士は子どもが抱えている問題を共に考え、子どもとの関係性を深めていくことができるのである。保育では「子どもの目線に立つ」ことの重要性がいわれるが、共感的相互理解を深め子どもの行為に含まれる意味を探りながら、一人ひとりの子どもの心の動きと向き合う姿勢が保育者には求められている。

2. 入所児（者）のニーズの把握と理解

　施設の入所児（者）について理解することは、保育・支援を組み立てる中では必要不可欠であり、保育士がその問題をどのような視点で捉えるのかによって対応は大きく左右される。特に、施設保育士が向き合う問題は途中から関わることがほとんどであるため、抱えている問題やニーズがどのようにして始まり、今はどのような状態であるのかを具体的に理解しなければならない。施設によって、入所している子どもや問題状況は異なるが、施設の特性と役割を理解し、個別の入所児（者）が抱える問題を理解した対応が必要である。

　例えば、児童養護施設や児童自立支援施設では、入所前の家庭環境や養育上の問題などが、精神的・情緒的に影響していることが多い。また障害児施設では、子どもの障害特性を理解した対応が求められ、子どもの「できないこと」に目を向けるのではなく、「できること」「できそう

なこと」などの可能性を引き出せる支援でなくてはならない。

このように入所児（者）のニーズは、①どんな子ども（人）で、②現在どのような状況にあり、③何を望んでいるのか、④潜在化している問題や悩み、思いを日頃の関わりの中で見いだしていかなくてはならない。子どもが必要としているニーズ、あるいは本人は気がついていないが必要な支援を明確に見いだせるかといった保育士としての力量と専門性が問われるのである。

3. これまでの生活を理解する

子どもにとって家族は、最も身近で影響を受ける存在である。特に乳幼児期は、生命維持のほぼ全てが養育者に委ねられ、子どもの自己形成において、親子の関わりを中心とした家庭での生活が深く関わっている。

家庭は、最も基本的な人間関係を提供し、「入浴や食事の習慣、食べ物の好き嫌い、マナーといった基本的生活習慣の形成に深く関わり、情緒の処理の仕方も親から子へと伝えられ、精神的な健康も家族関係のなかでつくられるもの」[窪田、1995] である。子どもを理解するに当たっては、その家庭を含めた視点で捉えなくてはならない。家庭での生活が、子どもの成長に密接に関わっているからこそ、家庭内で起こっている家族員の葛藤や心身の不調が子どもの行動に影響していることがある。これまで子どもの生活感覚や論理性を作り出してきた経緯と、その中にいる今の姿を理解しなくてはならない。

子どもの理解を深めるためには、共感的相互理解を深めることに併せ、日々の生活が子どもの人格形成に影響していることを認識し、これまでの生活を理解し受け入れていく理論的基盤が必要である。

第3節　児童福祉施設の専門職

1．他の専門職との連携

　児童福祉施設には、直接子どもの生活に関わる保育士や児童指導員以外にも、医師、看護師、栄養士、調理員など多くの専門職が働いている。職種によって子どもたちへの支援の視点や役割は異なるが、子どもの最善の利益（幸せ）を考え、それぞれの専門性を生かしながら連携して支援を行っている。施設の目的や機能により、児童福祉法、児童福祉施設最低基準（2012年「児童福祉施設の設備及び運営に関する基準」と名称変更）などの諸法令に基づいて職員の配置がなされている。

　職員間の連携は、子どもを支援するために不可欠である。少なくとも自分が実習する施設には、①どのような専門職が配置され、②それぞれがどのような役割を果たしているのか、③その中で保育士の果たすべき役割は何か、④どのように連携しているのか、を事前学習の中で具体的に理解しておく必要がある。

2．施設専門職の理解

　児童福祉施設の中には、児童福祉施設最低基準に定められている職種に加え、利用者の実績に応じて独自に専門職員を配置しているところもある。専門職の例は、**図表1**に示したとおりである。

　なお、障害児施設については児童福祉法の一部改正に伴い2012年4月1日から、従来の障害種別ごとに分かれていた施設体系を、入所・通所の利用形態別により、それぞれ「障害児入所施設」と、「児童発達支援センター」に一元化された。ただし、障害種別型の実情を踏まえ、障害の特性に応じた支援の提供も認められているため、従前の種別ごとの内容

図表1　児童福祉施設で働く専門職

施設種別	児童福祉施設最低基準に定められている職種	その他、施設が任意で配置している職種
児童養護施設	児童指導員・嘱託医・保育士・栄養士・調理員	心理療法担当職員・被虐待児個別対応職員・職業指導員・家庭支援専門相談員・看護師・基幹職員（スーパーバイザー）
乳児院	医師または嘱託医（小児科）・看護師（保育士・児童指導員）・栄養士・調理員	心理療法担当職員・家庭支援専門相談員・個別対応職員
母子生活支援施設	母子指導員（保育士）・嘱託医・少年を指導する職員・調理員	心理療法担当職員・個別対応職員
情緒障害児短期治療施設	医師（精神科・小児科）・心理療法担当職員・児童指導員・保育士・看護師・栄養士・調理員	家庭支援専門相談員・個別対応職員
知的障害児施設	児童指導員・嘱託医（精神科）・保育士・栄養士・調理員	
知的障害児通園施設	児童指導員・嘱託医（精神科）・保育士・栄養士・調理員	理学療法士（PT）・作業療法士（OT）
盲ろうあ児施設	嘱託医（眼科・耳鼻咽喉科）・聴能訓練担当職員および言語機能訓練担当職員（難聴幼児通園施設）・児童指導員・保育士・栄養士・調理員	職業指導員
肢体不自由児施設	医療法に規定する病院として必要な職員（医師・歯科医師・薬剤師・看護師および准看護師・看護補助者・診療放射線技師等）・保育士・児童指導員・心理指導担当職員・理学療法士・作業療法士・栄養士・調理員	保健師・言語聴覚士・心理指導担当職員・職業指導員
重症心身障害児施設	医療法に規定する病院として必要な職員（医師・歯科医師・薬剤師・看護師および准看護師・看護補助者・診療放射線技師等）・保育士・児童指導員・心理指導担当職員・理学療法士・作業療法士	保健師・言語聴覚士
重症自立支援施設	児童自立支援専門員・児童生活支援員（保育士）・嘱託医・精神科の診療に相当の経験を有する医師または嘱託医・栄養士・調理員	職業指導員・家庭支援専門相談員・個別対応職員

出典：［春見・谷口、2011］を基に作成

を示している。

3. 職員の勤務体制・形態と情報の共有

　入所施設は、子どもの24時間の生活の場であり、職員の勤務形態は異なるが、保育士や児童指導員などは土・日曜日を含めた交替制（早番、

遅番、日勤、宿直を組み合わせた勤務）が原則である。通所型施設では、原則として日勤であることが多い。

多くの専門職が入れ替わりながら働く施設では、情報の共有は重要である。些細な子どもの変化を共有していくためには、記録による引き継ぎや会議などは欠かすことができない。そのために、記録を的確に書く力が求められる。施設の形態や状況によって会議の呼び方は異なるが、おおむね以下の5つに分類できる。

①業務の引き継ぎ・連絡会

一般的に、「引き継ぎ」「朝礼」などと呼ばれる。前日や夜間の子どもたちの状況、その日の予定や連絡事項が周知される。

②ケース会議

個別の子どもへの対応や家庭支援について話し合われる。定期的に開催され、テーマに沿って行われる場合や、事例検討という形で行われる場合がある。今日では、自立支援計画・個別支援計画の作成が重要性を増しており、ケース会議で話し合われることも多い。

③職員会議

勤務形態が交替制である施設では、全ての職員が集まって話し合いをすることは少ないが、月に1回は全職員が顔を合わせ、施設の運営方針や行事、支援の現状についても話し合われる。

④グループごとの話し合い

子どもたちの生活の単位を構成する職員による話し合いである。

⑤各種委員会や専門領域による会議

給食委員会、医務委員会、研修委員会、行事委員会などの委員会や、専門職の領域によって主にケースの対応について話し合いが行われることがある。

4．他職種との連携による支援

これまで述べたように、施設内には多くの専門職が働いており、子ど

図表2　人間関係をよくする基本的態度

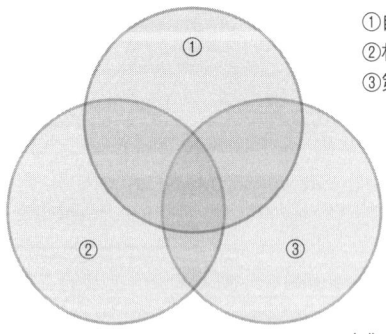

①自分の立場で考える…自己確知する。
②相手の立場で考える…相手を理解する。
③第三者の立場で考える…客観的に判断する。

出典：［福祉職員生涯研修推進委員会、2002］を基に作成

もたちの生活を支え、その成長発達と自立を支援している。支援の継続性と一貫性を保つために重要なことは、職種の役割と支援における視点を理解し尊重しながら、最善の支援を見いだして協働していくことである（**図表2**）。併せて、各職種の支援における限界も理解しておかなくてはならない。

　職員どうしの連帯感が高まれば、子どもへの支援もより豊かなものになる。多様な職種が働く施設では、それぞれの役割と連携を学ぶ中で、保育士の役割と位置づけを考えることも施設実習の意義の一つである。

第4節　入所児の家庭への支援

1．親子関係の尊重と支援

　実際に施設で暮らす子どもに接すると、親との関係を求めていることが多いことに気づかされる。これまで親から虐待を受け、第三者から見れば、「親と離れて暮らしたほうがいいのでは」というような事例で

あっても、親からの連絡や面会を楽しみにしており、親といっしょに暮らしたいと願っている子どもは少なくない。

　社会的養護を必要とする家庭の状況は、ひとり親、経済困難、親の疾患、夫婦間の不和などさまざまある。さらに、児童虐待などの深刻なケースの増加など家庭の抱える問題も、より多様化・複雑化している。施設での支援は、親に代わって養育するだけではなく、可能な限り家庭への復帰を念頭に置き、親子で再び暮らすことができるような支援を行うことも施設の重要な役割である。近年では、児童養護施設などには、施設入所前から退所後のアフターケアに至るまでの総合的な家族調整を行う家庭支援専門員（ファミリーケースワーカー）を配置するようになってきている。

2. 親の育ちを支える支援

　親子の関係調整は、「電話連絡や手紙のやりとり、面会、長期休暇における帰省、学校行事、施設内行事の機会を通して行われる。子どもに寄り添いその思いを汲みつつ、親子関係が継続していけるように働きかけることが必要」［小池、2010］である。その中で、子どもにとって最も身近な存在である保育士が担う役割は大きい。親子関係を継続させながら、さまざまな家庭環境から来た子どもたちの家庭復帰に向け、保護者への直接的な働きかけや支援を行い、子どもが施設を退所して家庭復帰を果たした後も、継続したサポート体制を構築している。子どもの家庭復帰を支援するには、各専門職との連携を図り、一貫した支援展開を視野に入れた長期的な対応が求められている。保護者が親として成長できる支援プログラムの実施が、施設での保護者支援において重要な位置づけとなっている。

3. 障害児関連施設における家庭支援

　障害のある子どもは、医療的なケア、障害の種類、発達に応じた関わ

り、専門的な訓練・支援など、特別な配慮や対応を必要とする。家庭支援の方法は、子どもの障害や年齢、また入所・通所の形態によって異なる点もある。だが、共通していることは、障害のある子どもにとって家庭は成長の基礎となる場であるということである。「障害への特別な配慮が必要なために、親の養育だけでは成長発達に困難が生じやすいことを念頭におき、子どもの発達支援とともに家庭環境への考慮と家族への支援が必要である」［江畠、2011］。

特に施設の利用を開始したばかりの保護者は、わが子の障害の受容ができずに混乱していることが多い。自身を責めていたり、子育てへの困難・不安を感じ、将来のことを案じながら、目の前の子どもと向き合っている。保育士には、このような状態にある保護者の精神的な不安を軽減する支援が求められる。また、障害のある子どもの場合、親の意図した関わりが子どもに伝わっているのかを理解することが難しく、子どもとの関わりに戸惑う場面も多い。親は、子どもの発達につれて、新たな問題や課題と向き合わなくてはならない。そのときに、子どもの「障害」はあらためて自覚され、その意味も変化してくるものである。親自身が子どもの成長や発達を実感し、子育てを肯定的に感じていけるような声かけや、支援プログラムに参加できるように働きかけることが大切である。

4. 施設実習を通して学ぶ家庭支援の重要性

施設を利用する子どもの生活背景には、現代社会のさまざまな問題が反映されており、社会の変貌が保育に与える影響は極めて大きい。保育士は、子どもへの保育を通して多くの家族の問題に出合う。これらは、施設のみならず保育所においても共通のことが言えるだろう。特に近年では、保育士には子育ての専門家としての保護者支援がより強調されるようになってきた。地域の子育て支援の中心的な役割を担う機関として、家庭や保護者の問題と向き合い、支援していく知識と技術が求められて

いる。保育士の取り組みの指針を示した「全国保育士会倫理綱領」には、次のように示されている。

（子どもの最善の利益の尊重）
1. 私たちは、一人ひとりの子どもの最善の利益を第一に考え、保育を通してその福祉を積極的に増進するよう努めます。
（保護者との協力）
3. 私たちは、子どもと保護者のおかれた状況や意向を受けとめ、保護者とより良い協力関係を築きながら、子どもの育ちや子育てを支えます。
（チームワークと自己評価）
5. 私たちは、職場におけるチームワークや、関係する他の専門機関との連携を大切にします。　　　　　［全国保育士会倫理綱領より一部抜粋］

　ここに示された内容は、本章で述べてきたことでもある。社会的養護の実践の場である児童福祉施設において、これまで学習してきた保育と福祉の理論的基盤に加えて、施設の目的や役割を理解し、子どもとその親への支援を担う保育士の技術・知識・価値を実践的に学ばなくてはならない。専門的なケアを要する子どもたちが増加し、保育士が取り組むべき課題がより複雑さを増す中で、さまざまな状況にある子どもたちを理解し、支援する力量が問われている。施設実習によって、日常の生活が子どもの成長にどのような影響を及ぼしているのかを知り、家庭支援の重要性をあらためて認識する機会ともなるだろう。子どもの生活を支えることの意味、子どもの権利を守ることの大切さ、子どもの自立を支援する視点を学ぶことにもつながる。これら施設実習での一つ一つの体験と学びが保育士としての専門性を豊かにし、さらには保育所での保育・子育て支援・家庭支援においても重要な視点を与えてくれるはずである。

【引用・参考文献】

江畠祥子「施設での家族支援の考え方」山本伸晴・白幡久美子編『保育士をめざす人の家庭支援』みらい、2011年、pp.87-100

岡本幹彦・神戸賢次・喜多一憲・児玉俊郎編『福祉施設実習ハンドブック——保育士養成課程〔3訂版〕』みらい、2011年

小野澤昇・田中利則『保育士のための福祉施設ハンドブック』ミネルヴァ書房、2011年

窪田暁子「社会福祉援助活動における研究——社会福祉援助と共感的相互理解」『研究報告書 第15集 相互援助の基盤としての共感的理解』東洋大学社会学研究所、1993年、pp.53-105

窪田暁子「心身の不調と家族へのソーシャルワーク」田村健二監修『人間と家族——21世紀へむけて』中央法規出版、1995年、pp. 257-275

小池由香「施設養護の基本原理」小池由香・山縣文冶編著『社会的養護』（新・プリマーズ・保育・福祉）ミネルヴァ書房、2010年、pp.85-92

滝村雅人「子ども（利用者）の理解」愛知県保育実習連絡協議会編『保育士を目指す人の福祉施設実習』みらい、2006年、pp. 15-23

寺見陽子「人間理解の方法——子どもと親の理解に向けて」名倉啓太郎監修『子ども理解と援助——子ども・親との関わりと相談・助言の実際』保育出版社、2004年、pp.29-47

春見静子・谷口純世編『社会的養護』光生館、2011年

福祉職員生涯研修推進委員会編『福祉職員研修テキスト基礎編〔改訂版〕』全国社会福祉協議会、2002年

第7章

保育所以外の児童福祉施設の理解

井藤 元

第1節　児童福祉施設の類型

本章では、保育所以外の児童福祉施設の機能と役割について見ていくことにする。保育所以外にも保育士を置かねばならない児童福祉施設は数多く存在する。**図表1**を見てほしい。児童福祉施設は、設置目的に応じて養護系施設（保護、養護、自立支援などを行うことを目的とする施設）、障害児系施設（障害児に対して保護、療育、訓練、自活訓練などを行うことを目的とする施設）、育成系施設（子どもの健全な育成を図ることを目的とする施設）、保健系施設の4つのカテゴリーに大別することができる。

なお、表に挙げた施設のうち、2011年の児童福祉法一部改正により、旧来の知的障害児施設、肢体不自由児施設、重症心身障害児施設などが再編されることとなった（2012年4月より施行）。各施設のうち、入所による支援が行われる施設は「障害児入所施設」に、通所による支援が行

図表1　児童福祉施設の類型

	入所施設	通所施設・通所機能	利用施設
養護系施設	乳児院 母子生活支援施設 児童養護施設 情緒障害児短期治療施設 児童自立支援施設	情緒障害児短期治療施設＊ 児童自立支援施設＊	
障害児系施設	知的障害児施設 自閉症児施設 盲児施設 盲ろうあ児施設 肢体不自由児施設 肢体不自由児療護施設 重症心身障害児施設	知的障害児通園施設 難聴幼児通園施設 肢体不自由児通園施設 肢体不自由児施設＊	
育成系施設		保育所	児童厚生施設（児童館・児童遊園） 児童家庭支援センター
保健系施設	助産施設		

（注）＊は通所機能を有するもの

出典：[松原・山縣、2007] を基に作成

われる施設は「児童発達支援センター」に一元化された。

　ここで実習先となる全ての施設について詳しく検討することはできないが、以下、主な施設についてカテゴリー別に解説していくことにしたい（なお、以下に出てくる施設数・在所者数は［厚生労働省、2011］、入所の理由等の比率は［厚生労働省雇用均等・児童家庭局、2009］、職員の配置等は「児童福祉施設の設備及び運営に関する基準」による）。

第2節　養護系の施設

1．児童養護施設

　まずは児童養護施設とはいかなるものか、児童福祉法における定義を見てみよう。児童養護施設は、児童福祉法第41条において「保護者のない児童（乳児を除く。ただし、安定した生活環境の確保その他の理由により特に必要のある場合には、乳児を含む。以下この条において同じ。）、虐待されている児童その他環境上養護を要する児童を入所させて、これを養護し、あわせて退所した者に対する相談その他の自立のための援助を行うことを目的とする施設」と定められている。原則として満1歳から満18歳までの子どもが対象とされる。児童養護施設への入所の主な理由は、「父又は母の虐待・酷使」が14.4％、「父又は母の放任・怠だ」が、13.8％となっており、これらの数値は増加傾向にある。他の理由としては、父母の死亡、父母の離婚、父母の精神疾患、父母の行方不明などが挙げられる。2010年時点で全国に582カ所存在し、在所者数は2万9975名に上る。児童養護施設は、幼児を含む児童を対象として養護と教育を行う施設であり、「児童に対して安定した生活環境を整えるとともに、生活指導、学習指導、職業指導及び家庭環境の調整を行いつつ児童を養育

することにより、児童の心身の健やかな成長とその自立を支援することを目的」とするものである（児童福祉施設の設備及び運営に関する基準第44条）。つまり、家庭での生活が困難な児童に対して、親に代わって生活の場を保障し、成長を見守るのが児童養護施設の役割である。

そして、児童養護施設には、施設長以下、児童指導員、嘱託医、保育士、個別対応職員、家庭支援専門相談員、栄養士、調理員、事務職員などが配置されている（1999年から、心理療法が10名以上必要な児童が入所している場合には、心理療法担当職員を置くこととなった）。また、児童養護施設には、大舎制、中舎制、小舎制があり、児童の人数に応じて区分がなされている（大舎制では、1舎に20人以上、中舎制では1舎に13〜19人、小舎制では1舎に12人までの児童が生活している）。またグループホームという養護の形態もあり、アパートやマンションなどで職員と共に少人数の児童が生活する形態が取られている。

2. 乳児院

児童福祉法における乳児院の定義を見てみよう。乳児院は、児童福祉法第37条において「乳児（保健上、安定した生活環境の確保その他の理由により特に必要のある場合には、幼児を含む。）を入院させて、これを養育し、あわせて退院した者について相談その他の援助を行うことを目的とする施設」と定められている。乳児院では、乳児が入所した日から、医師が適当と認めた期間、観察室で心身の状況を観察しなければならない。2004年の児童福祉法改正を機に、必要のある場合に限り小学校就学前までの幼児も対象者に含まれることとなった。

乳児院は2010年時点で全国に125カ所あり、3136名の乳幼児が在所している。養護問題の発生理由としては、「父又は母の精神疾患等」が19.1％、「父又は母の虐待・酷使」が9.2％となっており、近年、虐待を理由とした委託・入所が増えているという。こうした現状を受け、2001年度から、心理療法担当職員を配置し（心理療法が必要な者が10人以上入所

している場合)、被虐待児の保護者へのケアも行われている。

　乳児院には、小児科の診療に相当の経験を有する医師または嘱託医、看護師、個別対応職員、家庭支援専門相談員、栄養士および調理員を置くよう定められている。また、乳児院では1999年度から入所時の早期の家庭復帰を目指すべく、保護者に対して育児指導・相談を行う家庭支援専門相談員(ファミリーソーシャルワーカー)を配置している。乳児院での養育内容を具体的に列挙するならば、(乳幼児の年齢および発達の段階に応じて必要な)授乳、食事、排泄、沐浴、入浴、外気浴、睡眠、遊びや運動のほか、健康状態の把握、健康診断および感染症等の予防処置が挙げられる。乳児院の役割は、乳幼児が家庭で生活できるようになるまでの期間、親に代わって乳幼児を健全に育てることにあり、また、同時に保護者等に対しても援助を行うことにある。乳児院では、乳幼児の心身および社会性の健全な発達を促進し、乳幼児の人格形成の助けとなることが目指されている。

3.　母子生活支援施設

　母子生活支援施設は、児童福祉法第38条において「配偶者のない女子又はこれに準ずる事情にある女子及びその者の監護すべき児童を入所させて、これらの者を保護するとともに、これらの者の自立の促進のためにその生活を支援し、あわせて退所した者について相談その他の援助を行うことを目的とする施設とする」と定められている。また、この施設には母子支援員(母子生活支援施設において母子の生活支援を行う者)、嘱託医、少年の指導員、調理員などが置かれている。母子生活支援施設(2010年時点で、全国に262カ所)は、子どもと母親が共に入所可能な施設であり、母子家庭の生活の自立に向けて生活指導が行われている。母子生活支援施設への入所理由は、「配偶者からの暴力」が最も多く、このほか「経済的理由」や「住宅事情」なども入所の理由となっている。「配偶者からの暴力」の増加を受け、母子生活支援施設は母子が一時的

に避難する場所としての機能も果たしている。

4. 児童自立支援施設

　児童自立支援施設は、児童福祉法第44条において「不良行為をなし、又はなすおそれのある児童及び家庭環境その他の環境上の理由により生活指導等を要する児童を入所させ、又は保護者の下から通わせて、個々の児童の状況に応じて必要な指導を行い、その自立を支援し、あわせて退所した者について相談その他の援助を行うことを目的とする施設とする」と定められている。その対象は、暴力、盗み、売春、シンナーなどの非行行為を行った18歳未満の児童であり、1997年以前は「教護院」と呼ばれていたが、児童福祉法改正に伴い、自立支援を目的とした施設という意味合いを強め、名称が変更された。必要な場合には、20歳まで在所することが認められている。そして、児童は児童相談所の判断に同意するか、もしくは家庭裁判所の決定により入所に至る。児童自立支援施設は、2010年時点で全国に58カ所存在し（各都道府県に最低1カ所設置されている）、1726人が在所している。児童自立支援施設には、児童自立支援専門員、児童生活支援員、嘱託医および精神科の診療に相当の経験を有する医師または嘱託医、個別対応職員、家庭支援専門相談員、栄養士、調理員を置くことが規定されている。このうち児童生活支援員とは、保育士あるいは社会福祉士の資格を有する者、または3年以上児童自立支援事業に従事した者を指す。

5. 情緒障害児短期治療施設

　情緒障害児短期治療施設は、児童福祉法第43条の2において「軽度の情緒障害を有する児童を、短期間、入所させ、又は保護者の下から通わせて、その情緒障害を治し、あわせて退所した者について相談その他の援助を行うことを目的とする施設とする」と定められている。つまり、心に問題を抱え、社会的不適応（不登校、引きこもり、緘黙など）を起こ

している児童が対象となり、必要な場合、児童は満20歳まで在所することができる。ここでいう「短期」とは3～6カ月程度を指すが、現実的には1～2年在所する場合が多い。2010年現在、全国に37カ所あり、1175名が在所している。情緒障害児短期治療施設には、医師、心理療法担当職員、児童指導員、保育士、看護師、個別対応職員、家庭支援専門相談員、栄養士および調理員を置かなければならない。とりわけ心理療法担当職員は、カウンセリング、プレイセラピー、家族療法などを通じて、心のケアを行っている。

第3節　障害児・者のための施設

　本章の冒頭で触れたとおり、2011年の児童福祉法一部改正に伴い、児童福祉施設の再編が行われた。このため、心身に障害を持つ子どものための施設は、「障害児入所施設」、あるいは「児童発達支援センター」へと一元化されることとなった。2011年に一部改正された児童福祉法によれば、障害児入所施設、児童発達支援センターはいずれも福祉型と医療型に区分される。福祉型障害児入所施設は「保護、日常生活の指導及び独立自活に必要な知識技能の付与」を行うことを目的としており、医療型障害児入所施設は、「保護、日常生活の指導、独立自活に必要な知識技能の付与及び治療」を行うことを目的としている（児童福祉法第42条）。また、福祉型児童発達支援センターは、「日常生活における基本的動作の指導、独立自活に必要な知識技能の付与又は集団生活への適応のための訓練」を目的としており、医療型児童発達支援センターは「日常生活における基本的動作の指導、独立自活に必要な知識技能の付与又は集団生活への適応のための訓練及び治療」を目的としている（児童福祉法第43条）。本節ではこうした動向に目を配りつつも、本書の刊行時期など

に鑑み、ここでは旧来の名称を用いて、障害児のための施設のうち「知的障害児施設」、「肢体不自由児施設」についての解説を行う。

1. 知的障害児施設

　知的障害児に関する児童福祉施設としては、知的障害児施設と知的障害児通園施設が挙げられる。知的障害児施設は、知的障害のある児童を入所させてこれを保護するとともに、独立自活に必要な知識技能を与えることを目的とする施設である。また知的障害児通園施設は、知的障害のある児童を日々保護者のもとから通わせてこれを保護するとともに、独立自活に必要な知識技能を与えることを目的とする施設である。入所対象者は18歳以下の者であり、知的障害児施設には、嘱託医、児童指導員、保育士、栄養士、調理員が置かれている（ただし、児童数40人以下の施設では栄養士を、調理業務の全部を委託する施設では調理員を置かなくてもよい）。2010年現在、全国に知的障害児施設は224カ所で在所者数は8214名、知的障害児通園施設は全国に230カ所で在所者数は9679人である。

　また、自閉症を主たる症状とする児童を対象とした自閉症児施設もある。このうち、病院に入院する必要のある児童を対象とした施設は「第一種自閉症児施設」、入院の必要のない児童を対象とした施設は「第二種自閉症児施設」と呼ばれる。だが、全国的に見て自閉症児施設の数は少なく（2010年時点で全国に5カ所、在所者数は170名）、自閉症児の多くは知的障害児施設に入所している。

2. 肢体不自由児施設

　肢体不自由児施設は、肢体不自由のある児童を治療するとともに、独立自活に必要な知識技能を与えることを目的とする施設である。また、この施設には通所型と入所型があり、肢体不自由児施設、肢体不自由児通園施設、肢体不自由児療護施設（入所型のうち、病院に収容することを要しない肢体不自由のある児童であって、家庭における養育が困難なものを

入所させる施設)の3種類に分類されている。2010年時点で、肢体不自由児施設は全国に56カ所、肢体不自由児通園施設は83カ所、肢体不自由児療護施設は6カ所あり、在所者はそれぞれ1958人、2441人、263人である。

　肢体不自由児施設には、医療法に規定する病院として必要な職員のほか、児童指導員、保育士、理学療法士または作業療法士を置かなければならないとされ、また「施設の長及び医師は、肢体の機能の不自由な者の療育に関して相当の経験を有する医師でなければならない」と定められている。肢体不自由児施設は、医療との関わりが深く、病院としての機能を兼ね備えており、手足などの障害が原因で思うように動作ができない児童を受け入れ、リハビリや治療あるいは教育を行う施設である。

3. 成人の障害者のための施設

　保育実習では、児童対象の施設のみならず、成人対象の施設も実習先として指定されている。児童を対象とした保育者を目指す読者の中には、なぜ成人の障害者施設に実習へ行かねばならないのかと疑問に思う者もいるかもしれない。だが、児童との関わりだけでは見えてこないもの、成人の障害者と関わることで初めて見えてくるものもある。保育実習先とされている知的障害者更生施設、知的障害者授産施設は、旧知的障害者福祉法において、知的障害者援護施設として位置づけられていた施設である。2006年に障害者自立支援法が施行されたことにより、2012年までに全施設が新体制に移行すべきことが定められている。これにより従来の障害者福祉施設は障害者支援施設となった。

　旧法に定められた知的障害者更生施設は、満18歳以上で知的障害を持つ者を入所もしくは通所させて、更生に必要な指導を行うことを目指す施設である。また、旧法の知的障害者授産施設とは、満18歳以上で知的障害のある者のうち、雇用されることが困難な場合に職業を与える施設である。つまり、更生施設は、施設利用者の保護を目的としており、授産施設は、施設利用者に労働の場を与えることを目的としている。

障害者自立支援法の施行に伴い、知的障害者更生施設（入所型）の機能は、「障害者支援施設での夜間ケアなど（施設入所支援）」、「生活介護」、「自立訓練（機能訓練、生活訓練）」に振り分けられた（「施設入所支援」とは、施設に入所する人に、夜間や休日、入浴、排泄、食事の介護などを行う支援であり、「生活介護」とは、常に介護を必要とする人に、昼間、入浴、排泄、食事の介護等を行うサービスである。また「自立訓練（機能訓練、生活訓練）」とは、自立した日常生活または社会生活ができるよう、一定期間、身体機能または生活能力の向上のために必要な訓練を行うサービスである）。また、知的障害者更生施設（通所型）の機能は、「生活介護」、「自立訓練」へと移行した。さらに知的障害者授産施設（入所型）の機能は、「施設入所支援」、「生活介護」、「自立訓練（生活訓練）」、「就労移行支援」、「就労継続支援（非雇用型）」に振り分けられ、知的障害者授産施設（通所型）の機能は、「自立訓練（生活訓練）」、「就労移行支援」、「就労継続支援（非雇用型）」に振り分けられることとなった（「就労移行支援」とは、一般企業等への就労を希望する人に、一定期間、就労に必要な知識および能力の向上のために必要な訓練を行うサービスであり、「就労継続支援」とは、一般企業等での就労が困難な人に働く場を提供するとともに、知識および能力の向上のために必要な訓練を行うサービスである）。

第4節　育成系の施設

1. 児童館

　児童館は児童遊園と合わせて児童厚生施設と呼ばれ、児童福祉法第40条において、次のように定められている。「児童厚生施設は、児童遊園、児童館等児童に健全な遊びを与えて、その健康を増進し、又は情操をゆ

たかにすることを目的とする施設とする」。そして、18歳未満の全ての児童が利用できることとなっている。2010年現在、全国に児童館は4345カ所、児童遊園は3283カ所存在する。なお、児童館は主に屋内での活動を行う場であり、児童遊園は、屋外での活動を主とする場である。

児童厚生施設には「児童の遊びを指導する者」を置かなければならないと定められている。この「児童の遊びを指導する者」とは、具体的に、保育士または社会福祉士の資格を有する者、教員免許を有する者、大学や大学院において社会福祉学、心理学、教育学、社会学、芸術学、体育学などの課程を修めて卒業し、児童厚生施設の設置者が適当と認めた者などを指す。

さらに、児童館はその規模と機能に応じて、小型児童館、児童センター、大型児童館の3種類に分類される。小型児童館とは、小地域における児童を対象としたものであり、母親クラブや子ども会など地域の組織活動を援助する機能を持つ。児童センターは小型児童館の機能以外に、児童の体力を増進するための機能を持った施設である。そして大型児童館は、広範囲の児童を対象としたものである。

児童館での活動は、地域によって、またそれぞれの児童館によって異なるが、遊びを通じて子どもの健全育成を図るという点は共通している。そして児童館における遊びの指導は、児童の自主性や社会性、創造性を高めるものである必要があり、児童館には地域での活動を促進する機能や子育て支援の機能を果たすことも求められている。

2. 児童家庭支援センター

児童家庭支援センターは、児童福祉法第44条の2において、「地域の児童の福祉に関する各般の問題につき、児童に関する家庭その他からの相談のうち、専門的な知識及び技術を必要とするものに応じ、必要な助言を行うとともに、市町村の求めに応じ、技術的助言その他必要な援助を行うほか、……児童相談所、児童福祉施設等との連絡調整その他厚生労

働省令の定める援助を総合的に行うことを目的とする施設」と定められている。この施設は地域に根ざした支援活動を行うべく、1997年の児童福祉法改正の際に設置された施設であり、2010年時点で全国に75カ所存在する。また、児童家庭支援センターは、乳児院、母子生活支援施設、児童養護施設、情緒障害児短期治療施設、児童自立支援施設に附置されており、それらの施設との緊密な連携を図ることが求められている。

【引用・参考文献】

相澤譲治・橋本好市編『障害者福祉論』みらい、2007年

石橋裕子・林幸範編著『知りたいときにすぐわかる幼稚園・保育所・児童福祉施設実習ガイド』同文書院、2011年

小野澤昇・田中利則編著『保育士のための福祉施設実習ハンドブック』ミネルヴァ書房、2011年

厚生労働省雇用均等・児童家庭局「児童養護施設入所児童等調査結果の概要」2009年7月

厚生労働省「平成22年 社会福祉施設等調査結果の概況」2011年11月

全国社会福祉協議会「障害者自立支援法のサービス利用について〔平成23年10月版〕」2011年10月

松原康雄・山縣文治編『児童福祉論』ミネルヴァ書房、2007年

第8章

施設実習の内容

川﨑　愛

第1節　施設実習の段階

1. 施設を知る

　児童福祉施設は保育所以外にさまざまな種別があり、機能や役割がある。居住型の乳児院、児童養護施設や知的障害児施設、肢体不自由児施設、重症心身障害児施設では、保育士はどのような役割を担っているのだろうか（なお、本章における施設の名称は、旧児童福祉法の名称に基づく）。

(1) 施設の法的位置づけ

　1947年12月に成立した「児童福祉法」では、全ての児童（満18歳に満たない者）が差別なく「健やかに生まれ、かつ、養育される権利」「生活が保障され、愛護される権利」を持ち、保護者だけでなく国と自治体にも児童の育成責任があることを明記している。

　児童福祉法は、児童福祉施設、里親、児童福祉事業の入所や利用、要保護児童の保護措置、被措置児童等虐待の防止、療育指導、居宅生活の支援（障害福祉サービス、子育て支援）等の内容や、児童福祉審議会、実施機関、児童福祉司、児童委員、保育士等について定めている。

　施設の設備、職員の資格や配置基準は「児童福祉施設の設備及び運営に関する基準」、児童相談所の職員の資格や保育士養成については「児童福祉法施行規則（省令）」に記載がある。

　児童福祉六法（児童福祉法、児童扶養手当法、特別児童扶養手当等の支給に関する法律、母子及び寡婦福祉法、母子保健法、児童手当法）のほか、「児童虐待防止法」、「少年法」、「発達障害者支援法」、「障害者自立支援法」も関連法として挙げておく。

(2) 職員の職種と役割

　児童福祉施設には保育士のほか、子どもとその家庭を支援するためにさまざまな専門職員が配置されている。

　乳児院には、医師、看護師、保育士、児童指導員、家庭支援専門相談員、栄養士、調理員がいて、乳児の健康のための医療領域の職員配置に特徴がある。したがって保育士も、保健衛生面に特別な配慮をした保育活動を行っている。

　児童養護施設は、児童指導員、保育士、家庭支援専門相談員の配置は乳児院と同じであるが、被虐待児個別対応職員や職業訓練を行う場合には職業指導員を置き、医師は嘱託、栄養士は入所児童が41名以上の施設のみ必要で、調理業務は全委託することもできる。子どもの年齢は高校生までと幅広く、保育士は児童指導員らとともに、生活や学習面での支援、子どもの家族への支援もしている。

　知的障害児施設は、保育士、児童指導員、嘱託医等がおり、肢体不自由児施設では、保育士、児童指導員に加えて医療法に規定する病院として必要な職員、理学療法士、作業療法士等が配置されている。

(3) 一日の流れ

　居住型児童福祉施設の児童養護施設を例に、保育士の一日を取り上げる。

　職員は早番、日勤、遅番、宿直などの交代勤務で24時間、365日、子どもたちの生活を支えている。

　朝は子どもたちを起こし朝食の準備をして、子どもたちを学校へ送り出す。その後、洗濯や掃除等の環境整備、幼児の保育などを行い、昼食の援助をする。午後には小さい子どもから順番に帰宅するので、宿題を見て、明日の準備などの学習指導をしていく。夕食準備、片づけの後は就寝援助、場合によっては夜尿起こし、巡回、戸締まりをしながら日誌等に記録を書く。これらの日常業務や引き継ぎ、ケース検討、会議のほ

か、関連機関・関係者との打ち合わせもあり、学校へ出向くこともある。

2. 利用者を知る

　居住型の児童福祉施設には、乳幼児のみならず、障害児の施設には成人がいるなど年齢の幅は広く、家庭環境も多様である。

(1) 利用者の背景

　乳児院や児童養護施設の入所理由は、虐待や保護者の死亡、行方不明、就労、入院、拘禁、経済的理由など両親、保護者が抱える複数の要因による。生存を脅かされる過酷な環境を生き抜いてきた子どもたちは、情緒障害を持つこともまれではない。かつてのように、親の死亡・行方不明が主な入所理由ではないため、子どもの成長・発達過程において長期的に、親子関係、家族関係の修復・改善を促していくことが重要である。

　障害児（者）の入所施設は、保護者や家庭の要因はあるにせよ、子どもの知的障害・身体障害が施設入所の主たる理由である。各自の障害の特性に応じた生活技術の取得や、自立を視野に入れた職業訓練など、家庭では難しい専門職による支援を受けるための入所という側面を持つ。

(2) 個別の関わり

　児童養護施設の場合、実習が始まると、受け持つ部屋やグループの子どもたちとの関わりを通して施設全体の動きを認識することになる。食事や学習指導、遊びなどを通して、距離を測りながら互いのことを知り、子どものペースで関わりを深めていく。

　虐待の増加により、他者との適切な関係を形成するのが困難な反応性愛着障害が近年は多く見られるので、子どもとの関係づくりは急がず、「バイスティックの原則」を思い出して、相手の気持ちに理解を示すような関わりを目指す。

　施設によっては保育実習のほか、社会福祉士の実習などの受け入れに

も協力的で、入れ替わり立ち替わり実習生がやってくる状態に子どもたちが慣れていることもある。

(3) 集団への関わり

　個別の関係が深まってきたら、担当グループや施設全体の持つ力をどのように活用することができるかを考えてみよう。

　具体的には、集団をその子どもにどのように生かすことができるか、また、その子どもは集団でどのような能力を発揮できるか、という視点で「施設」の特性である集団の力を応用した実践を試みる。その際に、個人の尊重や集団に合わせて段階的に取り組んでいくこと、集団への帰属意識を高めるルールの共有・確認も行う。

3．地域とのつながりを知る

　居住型の児童福祉施設は、保育所に比べると数は圧倒的に少なく、立地はアクセスのよい町の中心から離れていることが多い。住民の大多数にとって施設は身近な存在ではないため、いかに施設を地域に開いて子どもたちを見守るネットワークを広げていけるかを職員は考えている。

(1) フォーマルな社会資源

　社会資源とは、利用者のニーズを充足させるために用いる施設・設備、機関、資金や物資のほか、個人や集団・組織の有する知識や技術の総称をいう。

　フォーマルな社会資源として、児童相談所、子ども家庭支援センター、児童養護施設などの児童福祉施設、病院、学校等の施設や、保育士、看護師、医師、心理職員、理学療法士、作業療法士、社会福祉士、学校の教員などの専門職員が該当し、施設内外で子どもの暮らしを支えている。

(2) インフォーマルな社会資源

インフォーマルなものとしては、子どもをめぐる血縁関係や自発的なつながりを指す。子どもの家族や親戚、友人やその家族、学内外のクラブ活動や塾、施設に訪れるボランティアや近隣住民などがこれに当たる。

施設では、地域に根ざしたお祭りやバザーを主催し、その収益を子どもたちの生活向上のために使用することがあるが、このようなイベントは住民が施設を知る絶好の機会となり、住民と施設との心理的な距離が近くなるという効果もある。

第2節　施設実習の内容

保育実習Ⅰ（施設実習）、Ⅲに関する施設の選定は、養成校の実習担当教員が、学生の希望や適性を踏まえて、すでに実習実績のある指定の施設を割り振る場合と、学生自らで実習をしたい施設を探し、後で養成校から正式に依頼する場合の2つがある。

1. 施設における保育士の役割

食事、清潔、睡眠などの基本的生活習慣の確立に向けた支援は保育所と同様であるが、居住型の施設は子どもたちにとって「家庭」であるので、保育士は保護者の役割も期待される。

子どもの心身の健康や安全の確保、管理（予防を含む）や病気、けがをした際の病院への付き添い、看病なども行う。子ども一人ひとりへの配慮に加えて、グループや組織活動の指導、子どもが当番を担ったり施設のルールを守るように働きかけたりというのも日常的な生活援助に含まれる。誕生日会や行事を主催するための準備や実施、協力も一年を通して行っている。子どもから日常生活や将来に対する相談を持ちかけら

れることもあるし、自立に向けての支援、子どもの家族や学校関係の調整なども他の職員と協力して担っている。

事前訪問の際には実習担当職員の職種を確認し、実習中は保育士だけでなく、保育士以外の職員がどのような役割を担っているか観察しよう。

2. 主な実習内容

実習では、施設の一日の流れ、職員とりわけ保育士の動き、子どもたちの様子を知って、日常生活全般の支援を行いながら、子どもとの関わりを深めていく。

掃除や洗濯は、間接的に子どもの状態を知ることができる。掃除の方法や掃除道具の使い方、洗濯の方法、たたみ方や子どもがどこまで自分でするかは施設によって異なるので、職員の指示に従って行う。

食事や学習指導、遊びの場面では、直接的に子どもと関わることで、互いのことを知ることができる。子どもたちは施設での生活が実習生より長いので、食事や遊びなどに関して子どもたちから教わることがあるかもしれない。この点は職員にはない実習生の強みとして、対等に近い立場で徐々に子どもとの距離を縮め、信頼関係を築くことを目指す。

遅番、宿直など夜の実習では、幼児を中心に就寝援助、戸締り、巡回など、子どもたちの安全を守る仕事を体験する。

一日を振り返り、自分や職員の動き、子どもとの関わりを考察し、反省点や疑問点を明らかにして、翌日に向けた課題を示すことのできる実習記録を書くことも、実習の重要な側面である。

第3節　実習課題の設定

「保育実習Ⅰ」では、児童福祉施設の役割、機能や関わりを通して子

どもへの理解を深め、子どもの保育、保護者への支援、計画・観察・記録および自己評価、保育士の業務内容や職業倫理などについて学ぶことが養成校の標準として示されている。

また、「保育実習指導Ⅰ」においては実習の意義・目的を理解して、自らの課題を明確にすること、実習施設の子どもたちの人権擁護、プライバシーの保護と守秘義務、実習計画、実践、観察、記録、評価、総括、自己評価といった実習の流れを理解することを目標としている。

1. 施設実習の課題

「保育実習Ⅰ」では、①施設の役割と機能、②子ども理解、③養護内容・生活環境、④計画と記録、⑤専門職としての保育士の役割と倫理、を学ぶ。

「保育実習Ⅲ」では、「保育実習Ⅰ」での経験を踏まえて①施設の役割や機能について理解を深める、②児童家庭福祉および社会的養護の理解を基に、保護者支援、家庭支援のための知識・技術・判断力を養う、③保育士の業務内容や職業倫理を実践から理解する、④保育士としての自己の課題を明確化する、ことが目標とされている。

内容としては、受容・共感的態度、子どものニーズ把握、個別支援計画の作成と実践、家族への支援と対応、他職種や地域社会との連携といった支援を実践しながら学んでいく。また、保育士の多岐にわたる業務を把握し、専門職としての職業倫理を醸成する。

2. 段階的な目標を定める

「保育実習Ⅰ」のみの場合と「保育実習Ⅲ」を選択する予定がある場合とでは、目標の設定や振り返りの際の比較の視点が異なる。施設実習が「保育実習Ⅰ」のみであれば保育所との比較になるが、「保育実習Ⅲ」を履修すると、2つの施設の共通点や相違点を見いだせる。

実習を最大限に活用するには、自分なりの課題を持って事前準備をし

たうえで実習に臨む必要がある。そこで、初めに自分の実習目標、課題（大目標）を定める。次に休日を含めて2週間弱の実習期間を前期・中期・後期あるいは初期・中期・終期と3段階に分けて目標（小目標）を設定する。

　目標は、達成したかどうか、どの程度の達成度かを判断できる書き方で作成する。例えば、「入所児童と信頼関係を築く」という課題は大目標にはなるが、信頼関係は測定不能なので小目標には向かない。「入所児童全員の名前を覚える」、「担当児童の日常生活と好きなことを把握する」、「児童の持つ社会資源を豊かにするために自分ができることを考え、提案する」など相手に期待するのではなく、自分が行うことにするとよい。

　これらは学校指定の実習計画書に記入し、事前訪問（オリエンテーション）の前には、個人表などといっしょに実習施設に送付される。

3. 発展的な課題

　施設でのボランティアやアルバイトの経験があるのなら、「保育実習Ⅲ」では、その施設でないとできないことに挑戦してみよう。児童養護施設における進路指導や自立支援を例にすると、次のとおりである。

　高校や大学、短大、専門学校への進学・就職に際して、職員はどのような支援をしているかを学ぶ、ということを大目標とする。小目標として考えられるのは、学習支援、相談に乗る、情報提供（ロールモデルやOB・OGの紹介、施設出身者への優遇措置のある学校、奨学金制度など）、物的支援（施設独自の奨学金や居住環境）、家族関係の調整等がどのようになされているかを知るとした場合、事前に児童養護に関する本や『児童養護』などの専門雑誌、子どもの作文を読んだりインターネットで情報を集めておくことができる。

　自立支援に関しては法律に記載があるものの、各施設、地域によってその内容や進学率には大きな違いがある。また、学習意欲がない、学力

が低い、といった場合の背後にある問題について考えてみることもテーマとなる。

第4節　施設実習の留意点

1．保育所実習との違い

（1）実習形態

　施設実習においては、保育所実習では経験しない、宿泊して行う形態をとる養成校が多い。実習施設が遠隔地で通勤が困難という理由もあるが、施設は生活の場であり、保育士は入所者の生活を交代で24時間365日支援していることを理解するためである。また、子どもと朝や夜、夜中をいっしょに過ごすことは、より深く子どもやその生活を知ることにつながる。

　朝や夕食前後には、子どもたちや職員と個別にゆっくり過ごす時間を持つことは難しいが、夜、絵本を読んだり添い寝をしたりして幼児や小学生と過ごすひととき、年少児が寝静まった後、年長児童と過ごす時間は、互いにとって刺激のあるものになるかもしれない。また、宿直の職員に、仕事のこと、将来のこと等の相談に乗ってもらえることもある。

　施設では、保育所のように「先生」として、細かく決めて準備した日課を行うというよりは、子どもの生活を整え、活力をつけるよう側面的に支援することに重点が置かれる。保育所と比べて、時間に追われるような忙しさはないが、宿泊をしていると休憩や休日でも緊張が抜けず、気持ちの切り替えが難しい。施設職員のだいご味と大変さの一端が経験できるだろう。

　宿泊実習は規則で定められているわけではないが、施設側の事情があ

るにせよ、通勤で行う場合でも日勤以外のシフトを体験することが望ましい。

(2) 利用者と家族

　保育所では、子どもを中心に家族と保育士は子育てのパートナーであり、保護者にとっては頼もしい相談相手でもある。しかし、乳児院や児童養護施設などの場合は、保護者と全面的に協力して子どもの育ちを支えるという関係ではない。通常、子どもの安全確保が最優先で、保護者への支援と分けて行われる。

　子どもの成長の妨げとなる状態の保護者とは、状況が改善されるまでは距離を置くことになるだろう。職員は児童相談所と連携して保護者の話を聞き、家庭環境の調整を行い、お盆やお正月に子どもが帰省できるように働きかけをしているが、どのようなタイミングでそれが可能かの見極めは非常に困難である。面会、一時帰宅、一時帰宅外泊、長期帰宅外泊といった段階を踏んで、子どもと保護者がいっしょに生活できるよう地域での支援体制を築きながら、慎重に進めていく。

　その際、子どもの意向を尊重するために、日頃からよく話を聞いておき、職員は保護者との間の調整役となり、関係を断絶させないよう、あるいは極度の依存関係に陥らないように配慮する。子どもが進路を決めるとき、心理的・物理的・経済的に保護者の後押しがあると、選択の幅は大いに広がる。

2. 施設実習において気をつけること

(1) 生活支援

　日本は先進国では珍しく、「要保護児童」は定員の多い居住型施設で暮らしている割合が高い。しかし、近年できるだけ家庭に近い環境を施設でも提供できるように、大舎制から小舎制（定員12名以下）、小単位の家族舎へと移行している。

小単位のメリットはあるにしても、職員にとっては大舎制で分担・相談し、協力してきたことを、小規模施設では単独で判断を迫られることが増え、支援者としての力量が試され、その向上が求められる。
　職員の得意・不得意や子ども個人との相性などは、少ない職員だけでカバーしにくいので、それを補う子どもへの関わり方や配慮、ひととおりの生活支援を行うことのできる援助技術や生活技術が必要となる。そのため、生活技術の前提である金銭管理、洗濯機や掃除機、ほうきやぞうきんの使い方、簡単な調理や配膳、片づけなどは、ふだんから行っておいたほうがよい。

(2) 専門職としての視点

　実習開始後しばらくは、利用者のことを知り、施設の一日の流れに慣れることで精いっぱいかもしれないが、中盤以降は各自の実習課題に取り組み、保育士以外の専門職の動きや、行政、他施設、ボランティアなどの福祉ネットワークにも着目するとよい。
　また、子どもが施設に入所する要因となる問題発生の予防、ニーズの発見、早期対応としてどのようなことができるかを、地域における施設の役割という視点で考えていきたい。

【引用・参考文献】

　F・P・バイステック（尾崎新・原田和幸・福田俊子訳）『ケースワークの原則——援助関係を形成する技法〔新訳版〕』誠信書房、1996年
　長谷川眞人監修『しあわせな明日を信じて』福村出版、2008年
　読売光と愛の事業団編『夢追いかけて——児童養護施設からはばたく子どもたち』中央公論新社、2003年

第**9**章

日誌・記録の意義と記入の実際

富岡麻由子

第1節　なぜ日誌を書くのか

　実習中一番つらかったことを学生に尋ねると、多くが「毎日の日誌（記録）」と答える。日誌の記入が連日深夜に及び体調を崩した学生、書き方・書く内容が分からず、自分の日誌に漠然とした疑問を持ったまま、なんとか実習を終えたという学生も少なくない。しかし、日誌は実習での大きな課題であると同時に、実習中と実習後の学びの基盤になるものである。本章では、主に日誌を書く意義、日誌の記載内容について述べる。そして日誌形式を例示し、具体的な記入内容を解説したい。

1．振り返りの意義

　日誌を書かなくても保育を振り返ることはできるだろう。しかし、振り返って文章に表し読み返すことにより、一日の流れや出来事全体、自分の視点や行為をより客観的に捉えることができる。また書くことにより、自分が見逃した点、思い至らなかった点が空白として浮かび上がってくる。例えば、遊びの中での子どものけんかを思い起こしているうちに、「あのけんかの後、A男とB男はどこで何をして遊んでいたのだろう？」と考える。そのときは子どもの表情や言動から気持ちを読み取ったつもりでも、それを文章にしようとするとき、自分の推察を「ずれていた」と感じるかもしれない。子どもが「ごめんね」と謝ったことを見届け、ホッとしてその場を離れた自分自身の対応に物足りなさを覚えるかもしれない。このように、振り返り書き記すことは、反省や改善に不可欠なのである。

　日誌には、書くという作業の大変さとともに、実習中の数々の反省材料に対峙するという難しさが伴う。まだ学生とはいえ、自分の未熟さを痛感し、落ち込むこともあるだろう。しかし、自分と向き合うことで生

まれる真摯な省察が、「明日はこんなふうに遊びに入ってみよう」「先生がどのように援助しているか、明日は注意して見よう」といった、意識的な働きかけや観察の視点を生み出し、よりよい実習へつながる。洞察の深まりと新たな課題の発見を、実習日誌を書くことの最も大きな意義として理解してほしい。

2. 文字に残すことの意義

　日誌のもう一つの大きな意義は、書いて残すことによって他者に読んでもらい、体験や理解を共有できることである。まず、実習施設の指導者から、日誌に書いたことについて日々指導を受けられる。実習では、実習施設の保育方針や子どもの実態に沿う形で実践を体験することが求められる。その際、日誌は限られた期間の中で、実習生が保育者の願いや子どもを適切に理解し行動しているかを示す重要な手立てとなる。指導者に、直接感想を述べたり疑問を尋ねたりすることによっても実習生の考えは伝わるが、いつもそのような機会に恵まれるとは限らない。また、指導者が常に実習生の言動を見ていることは不可能である。子どもや保育者の言動に対する解釈や自分の行為を文章にして読んでもらうことによって、自分を理解してもらい、生きた助言を引き出すことができるのではないだろうか。同様に、実習終了後には、養成課程での記録を材料とした教員の指導、学生間の実習体験の共有が可能になる。保育や子どもに対する視野を広げる好機となるだろう。

　そして、記録は実習をこなす時々で感じる新鮮な発見、素朴な感動や疑問をその場限りのものにせず、記憶が薄れても再び思い出すことを可能にする。時間が経過した後に自分の日誌を見返すことが、初心に立ち返ること、日々の保育の原動力になるということもしばし語られることである。実習体験を書き残すことは、多くの学びと励ましをもたらすのである。

第2節 日誌の項目と内容

1. 観察実習・参加実習の日誌

　養成課程や実習段階、実習の種類により実習日誌の形式や用語に若干の違いはあるが、含まれる項目の特性はほぼ共通する。実習日誌の形式例（**図表1**）を基に、記入内容に触れていく。ここでは観察がメインとなる実習における日誌を作成すると考え、日誌の要点となる7つの項目に記すべき内容について説明する。

図表1　実習日誌の形式例

実習日誌（観察・参加実習）　実習生氏名					印
月　日（　）		実習クラス　組　歳児		特記事項	
天候		在籍児　名　欠席　名			
本日の実習の目標・着眼点					
時間	環境構成	子どもの活動	保育者の援助・留意点	実習生の気づき・活動	
実習で学んだこと・着眼点に基づく考察					
感想、反省と今後の課題					
指導者の指導・助言				指導者	
				印	

（筆者作成）

(1) 本日の実習の目標・着眼点

　この項目には、一日の実習をするうえで設定した自分の行動の目標や観察の視点、ねらいなどを書く。知りたいこと、理解したいことを意識すると、見えてくるものは驚くほど変わる。ただし、「子どもの様子を観察する」といった曖昧な目標の設定では意味がない。子どもの年齢

図表2　実習日誌の目標・着眼点の例

保育者の援助に関する着眼点	子どもの生活、心身の発達に関する着眼点
1．養護的配慮・生活習慣の確立の援助 ・登園時の保護者との連絡内容や子どもを観察する際の留意点 ・子どもの安全や健康を守るための環境構成、保育者の配慮 ・排泄や衣服の着脱の援助の方法、促す際の働きかけの工夫 ・子どもが安心して過ごすための環境構成、保育者の配慮 ・低年齢児の授乳や排泄の援助の方法、関わり ・食事の準備、食事中の援助の方法、留意点 ・午睡の準備 2．遊びや活動、教育の目標に関わる援助 ・子どもの遊びの場の環境構成、安全への配慮 ・自由遊びの際の保育者の子どもへの関わり ・けんかや泣いている子への保育者の対応 ・活動に対する子どもの興味や意欲を高めるための働きかけ ・クラス全体の活動の進め方、個人差への対応の方法 ・次の活動への移行の際の子どもへの働きかけ、配慮 ・子どもに伝わりやすい話し方の工夫 ・子どもどうしの関わりを深めるための援助 ・身の周りの動植物に関心が持てるような環境構成、働きかけの工夫 ・絵本や紙芝居を読む際の配慮 ・異年齢での活動や遊びの際の配慮 ・雨天の際の活動や遊びの際の配慮	・一日の生活の流れ ・〇歳児の子どもの興味のある遊びの特徴 ・遊びの中での子どもどうしの関わり ・子どもの戸外・屋内での遊びの特徴 ・着脱や排泄、手洗いなどの生活習慣の獲得の程度 ・幼児による食事の準備や係・当番活動などの内容 ・異年齢児の関わりの特徴、遊びの内容

(筆者作成)

(発達)段階における成長の課題、保育のプログラム、実習の進展(観察が中心か、同じクラスで何日目の実習か)などによって目標や着眼点のあり方は変わる。例えば、2歳児は運動機能の拡大や言葉の獲得が急速に進み、それらの発達とともに他者への関心や強い自己主張が生まれる時期である。また、低年齢児は保育者の養護的な配慮がより必要になる。子どもの年齢相応の発達や保育のねらいを踏まえた着眼点を持てると、観察と記録がより的を射た有意義なものになると考えられる。保育所保育指針等を参照し、養護と教育の目標やねらい・配慮事項、子どもの発達の様相をあらかじめ理解しておくことが重要である。また、できれば前日までに、実習クラスの保育者に保育の大まかな流れやねらいを確認すると、その日の保育に沿った目標や着眼点を設定することができるだろう。**図表2**に具体的な着眼点を例示するので参考にしてほしい。

(2) 環境構成

「環境構成」の欄には、保育室、園庭など、子どもの活動の場がどのように作られていたかを簡潔に記入する。登園前から自由遊び、朝の集まり、主な活動、食事、午睡など、一日の中の代表的なまとまりの時間に沿って捉えていく必要がある。図を使うことによって細かな配置や動線が明確になるので活用しよう。ただし、図だけでは不十分である。どうしてそのような環境が準備されているのか、保育者の意図を推し量ることが「環境による保育」の理解に結びつく。例えば登園前の保育室の様子に着目すると、子どもたちの朝の遊びを想定し、コーナーを配置したり、前日からの遊びが継続するような材料がそろえてあったり、さまざまな配慮に基づいた準備がされていることに気づくだろう。また、保育の流れの中で再度構成される環境もあるので、経過も含めて記録したい。安全管理や情緒の安定への配慮、子どもの関心や意欲を高めるための工夫など、いくつかの視点を持って環境を捉えていこう。

(3) 子どもの活動

　この欄には、一日の流れに沿った子どもたちの様子を簡潔に書く。単純なようだが、実習生の子どもの見方が表れる項目である。概略的すぎたり、子どものネガティブな行動が多くなったりしていないか注意したい。

　実習施設によって、子どもの大まかな行動を記入することもあれば、子どもの細かな反応の記入を求められる場合もある。また、その日の自分の目標や着眼点によっても記述の仕方が変わる。つまり、一日の流れを知りたい、子どもどうしの関わりを見たい、子どもが興味を持つ遊びを知りたいなどの着眼点によって観察の中心となる事柄が変わり、記述の厚みに違いが出るだろう。

(4) 保育者の援助・留意点

　この欄には、活動に際し保育者がどのような言動をしたかを記入する。保育者の特に留意している点や保育の意図を読み取って記述する必要があり、実習生の洞察力が如実に反映される部分である。子どもの活動の欄と合わせ、ただ姿を概括的に捉えるのではなく、情景と内面を映し出すような記述を目指したい。そのためには、客観的な事実と自分の主観的な捉えの双方を言葉にする力の鍛錬が必要である。

　例えば、子どもどうしの物の取り合い一つをとっても、前後の状況、子どもの特性、子どもと保育者との関係によって、とられるべき対応は異なるだろう。保育者の「『〇〇ちゃん、貸して』と言う」行為には、関わりのモデルを子どもに示すという意図が含まれているのかもしれない。「『先生は見ていなかったけど、どうしたのかな？』と周囲の子を含めて尋ねる」行為には、周りの子どもの助けで解決ができるかもしれないという保育者の予測があるのかもしれない。

　この場合に実習生が学ぶべきことは、保育者が子どもの言動や内面、今後の育ちをどう捉えているか、自身の対応の影響をどう見据え、どの

ような関わり方を選び取っているかということである。たとえ日誌に記した自分の憶測が間違っていたとしても、指導を受けることで、子どもや保育者の言動の意味を見極める力は研ぎ澄まされていくだろう。

(5) 実習生の気づき・活動

　この項目には、指導者から受けた指示の内容や、自分の行動と意図、驚きや戸惑い、疑問など、自分の言動や意識に関連することを書き記す。観察実習の場合、観察による実習生の気づき・疑問などの占める割合が多くなるだろう。

　先にも述べたが、実習生の動きを明確にすることで指導が行き届く。実習中の学生の日誌を見ると、「保育者や子どもたちが何をしていたかだけでなく、それについて自分が気づいたことも記入してください」というコメントを指導者から受けていることがある。実際、行動を時系列的に追うことに終始してしまい、実習生の言動に関わる気づきや解釈についての記入が薄い日誌がまま見られる。やはり、指導を受けること、他者と記録を共有することを意識して書くことが大切である。

(6) 実習で学んだこと・着眼点に基づく考察

　主にその日の実習の目的や着眼点に沿った発見、印象に残った出来事を記述し、それについて自分の考えをまとめて書く項目である。上記の(2)から(5)までは、保育全体の流れに沿った簡潔な記述が求められるのに対し、この項目では、それらの記述から抜粋された個別的なエピソードや着眼点に沿った事柄をまとめ、さらに踏み込んだ内容を書く。そして自分の解釈とその理由や根拠を示すことが課題となる。

　例えば、午睡時の環境を着眼点とし、遊ぶ部屋と別に午睡のスペースが作られていること、子どもの布団の位置も毎日同じ配列であることに気づいたとしよう。その理由や効果を考え、「別の部屋であることで活動から休息に心身ともに移行しやすい」「自分の場所という安心感を生

む」などと自分なりの答えを出すことが考察である。

　実は、この考察に関わる項目の作成が不得意な実習生が多い。なぜなら、無我夢中で実習をこなす中でも、発見や疑問の種、答えのヒントになる要素にアンテナをめぐらし、敏感に感知する力・構えがなくてはいけないからである。この構えは、明確な着眼点の設定や、主体的な実習への取り組み、これまでに培った保育の知識や経験が基盤となる。

(7) 感想、反省と今後の課題

　この項目の感想としては、うれしかったことや楽しく感じたことなど、率直な気持ちや心に浮かんだことを書いてよい。自分にとっての素朴な喜びや感動も大切にしたい。

　冒頭に、自分の実習を客観的に振り返り、翌日からの実習の課題を明確にすることが重要だと述べたが、それが反省と今後の課題に当てはまる。次の実習につながる重要な部分である。ちなみに、反省や今後の課題を書くときは、できるだけ具体的にしたい。友達との協調が必要な場面が増える4歳児について「自分の気持ちを抑えて取り組む力が大切」と考察したとしよう。できればそのための援助を考えたい。例えば「がんばりを見ていることを言葉にして、本人や周りに伝える」など、具体的に考えて書いてみると、より反省の意味が高まる。

　子どもとの関わりは流動的で不確実で、実習生は一つ一つの出来事に迷い、戸惑うことになる。待ったなしのその時に子どもの期待に応えられるよう、反省と今後の課題を踏まえ、具体的な方略を考える手立てにしたい。

　日誌によっては、(6)と(7)の内容、すなわち考察や感想、反省、今後の課題などを一つの欄に書き込む形式もあるが、それぞれを整理して書くことが望ましい。

2. 責任実習の日誌

　実習生があらかじめ指導計画を立て、保育者の代わりに保育を実践するのが責任実習（部分実習・全日実習）である。責任実習では、実習生自身が保育者としてのねらいを設定し、子どもの興味や発想を予想し、保育の見通しに沿った十分な準備をしながらも、臨機応変に対応する力を養うことが目的となる。したがって、日誌には保育者の援助・留意点の欄がなく、代わりに実習生の気づき、援助・留意点の欄が大きくなり、自身の指導の記録が重視される。

　子どもの活動については、子どもについての予想と実際のずれについて詳しく記録する。そして、うまくいった場合もそうでなかった場合も、要因を深く考察することが課題である。製作の部分実習であれば、子どもが興味を持つ導入を行えたか、製作内容は子どもの集中力とこれまでの経験に合っていたか、個人差に対する予測とその場での対応は適切だったか、などが振り返りの観点となる。

　通常は、責任実習（部分実習）を行ったら「責任（部分）実習指導記録」として別紙に記録を作成し、その日の日誌には別紙に記録がある旨を記入する。

第3節　日誌の記入の具体例

　保育所での観察・参加実習の際の実習日誌記入例を紹介する（**図表3**）。読みやすい記録を作成するためのコツも含めた。前節で解説した日誌の記入内容の特性を確認しながら参照してほしい。

図表3　実習日誌の記入例　（2歳児クラス）

実 習 日 誌（観察・参加実習）	実習生氏名		印
6月　22日　（火）	さくら組　2歳児	特記事項	
天候　晴れ	在籍児　12名　欠席　0名	実習施設や配属クラスの行事などを記入。	

本日の実習の目標・着眼点
食事や衣服の着脱などの生活習慣がどのくらい自立しているか、
また、保育士がそのためにどのような援助をしているのかを知る。

→ 子どもの発達の状況を考え、具体的な目標や着眼点を立てる。

時間	環境構成	子どもの活動	保育者の援助・留意点	実習生の気づき・活動
10:50	・ロッカーの前にあらかじめズボン、パンツ、オムツを一人分ずつまとめて置いておく。 ・パンツ、オムツが上。	○着替え・排泄 ・プールから保育室に戻ってきた子から順に着替え、排泄をする。 ・実習生の援助を嫌がり、自分で着たがる子もいる。 ・着ていた服を自分でバッグに入れる子どももいる。 ・手を洗う。 ○手遊び・絵本	・服の特徴（リボンが前など）を伝え、着やすいように援助する。 ・せっけんを使って手を洗うように言葉をかける。 ・「きれいになったね」と褒め、手洗いをする意味を伝える。	・一人で着るのが難しそうなら手伝う。 ＊一人でズボンやパンツの着脱ができる子が多い。ボタンがかけられなかったり、服の前後が分からない場合に援助すると、その後は自分でできた。 ・トイレで排泄するか子どもに尋ね、R子といっしょにトイレに行く。
11:05	（図：T1たたみ（ブロック）、T2、ロッカー、水道、トイレ） 図だけでなく、環境構成・準備の効果や意図も考えて書こう。	・手洗いと排泄を終えたら自分のマークのシールが貼ってあるいすに座る。 ・給食まで先生のまねをしていっしょに手遊びをする。 見出しを使い、各項目の内容を横にそろえると、流れが分かりやすい。	・順次テーブルの席に着いた子どもと手遊びをし、絵本を読み配膳を待つ。 手遊び「ごんべえさん」「ぱんやさん」 絵本「なにをたべてきたの？」 保育者の言動だけでなく、その意図を推測して書く。	＊しばらく座っていてもオシッコは出ないようだったが、「少し出たかな？」と聞くとうなずき、パンツとズボンを履く。 ・や＊などの記号を工夫して、気づきと活動を分けて書くと分かりやすい。
11:20	・水道の前に歯磨きのためのいすを準備する。	○給食 ・食事が配られるのを楽しみに待つ。 ・挨拶をする。	・「今日の給食は何だろうね」と、給食を楽しみに感じるような言葉をかける。 ・子どもに「エプロン付けようね」と声をかけエプロンやスタイを付ける。	・エプロンと三角巾を付け、給食室から給食を運ぶ。 ・配膳をし、おしぼりを配る。

第9章●日誌・記録の意義と記入の実際

時間				
		・スプーンを使って食べる子、手で食べる子がいる。 ・食事を手でつまんで保育者に見せる。 ・「おいしい」と笑顔で保育士に話しかけて食べる。 ・お代わりをする。 ・おなかが満たされて、食事で遊び始める子がいる。	・エプロンや三角巾を付けて配膳をし、手や口を拭くおしぼりを配る。明るく挨拶をする。 ・子どもの動きや問いかけに反応し、「おいしいね」などと声をかけながら、食事の介助をする。 ・自分で食べている子は見守る。 ・食器に手を添えるように伝える。 ・食べやすい大きさにスプーンでちぎり、タイミングを見て子どもに与える。 ・食べる量を考えられるよう、お代わりの量を子どもに尋ねる。 ・「これもおいしいよ」などと、食べていないものも食べるように言葉をかける。	・食事の介助をする。 ・「見てて」と子どもが声をかけてきたので、食べるのを見守り「おいしいね、よかったね」と応える。 ＊目をこすったり、眠そうな表情の子がいた。 ＊お茶や食事は個人差に合わせて配り、食べきれるようにしている。もっと食べたいという子どもの欲求を満たすようにしている。 ＊見ててもらうことによって食べようという気持ちが持てるようだ。 ・食べ終わった子の口の周りと手をおしぼりで拭く。 ・食器をトレーに戻す。
	┌────────────────┐ │着眼点に沿った内容を詳しく捉えるようにすると、考察に役立つ。│ └────────────────┘			
11:50		○歯磨き・排泄 ・食事を終えた子から歯磨きをする。 ・トイレに行って排泄をする。	・無理に食べさせず、遊び出したときは、「あと一つ」などと区切りをつけて食事を終えるようにする。	
			┌────────────────────────────────┐ │着眼点や特に気になったことに関して、自分の観察、体験内容を具体的に書き記す。そして、それについて自分の考えや推測、その理由などを書く。│ └────────────────────────────────┘	

実習で学んだこと・着眼点に基づく考察

　食事の援助については、好き嫌いにどのように対応するかを学びたいと思っていたが、保育者は、残さず食べることよりも「あとこれだけ」「もう一つ食べられるかな」と、子どもがもう少し食べられる、がんばれる量を見極めながら介助をしていた。食事の量の個人差を考慮して最初に配膳をしたり、お代わりの量を子どもに尋ねていた。子ども皆が「おいしい」と喜び食べているわけではなく、中には保育者に言葉をかけられながら、一生懸命食べているような様子もあった。保育者は子どもが進んで食事をし、食べきれたという気持ちが味わえ、食事を楽しいと感じるようにすることを重視していると思った。子どもが自分で進んで食べているときは見守り、遊び出したりペースが落ちたときなどに、介助や声かけで食事に集中できるようにしていた。そして食器を左手で押さえるなど、成長すると自然に行っていると自分が思っていたことも丁寧に子どもに伝えて、子どもが身につけられるようにしていることが分かった。……（略）

（筆者作成）

第4節　日誌の活用

1．毎日の日誌返却時

　提出した実習日誌の返却を受けたら、指導者のコメントに必ず目を通すことが求められる。翌日からの実習への助言が記されているからである。

　表現の修正や記入内容の補足など、指導を受けた点は修正し、再提出する。ポイントは、修正の前後の内容が両方分かるように残すことである。そうすると、修正内容が明確で後日の学習にも役立つ。

　指導者からより詳しい記述が求められている場合は、付箋やノートを足したり、自由記録の欄を利用してもよい。

2．実習終了後

　冒頭で述べたが、実習後に反省を行う際、日誌は欠かすことのできない材料となる。実習全体の経過を振り返ることによって、自分の成長や新たな課題を見つけることができるだろう。

　経験やそれについての考えを積極的に他者とシェアしたり、実習後の学習で得た新たな知識や経験と結びつけるために、何度でも実習日誌を開こう。

3．日誌の情報管理

　日誌には実習施設に関する情報が多く記載される。個人情報の保護の観点から、日誌に個人名を記載しない方針の実習施設もある。個人が特定されるような記載の仕方、不特定多数の目に触れるような扱いは決してしてはならない。

【引用・参考文献】

今井和子『保育を変える記録の書き方 評価のしかた』ひとなる書房、2009年

神田伸生編著『保育実習』青踏社、2009年

相馬和子・中田カヨ子編著『実習日誌の書き方』萌文書林、2004年

林幸範・石橋裕子編著『保育園幼稚園の実習完全マニュアル』成美堂出版、2008年

第10章

指導案の作成と実践

原子はるみ

第1節　なぜ指導計画を立てるのか

1.「保育課程」とのつながり

　保育所では、全ての子どもの入所から修了までを見通し、心身の安定やいきいきと活動し、充実した生活が送れるように「保育課程」と「指導計画」を立てている。「指導計画」に基づき、日々の保育がなされている。

　「保育課程」は、その保育所の地域の子どもや入所している子どもの

図表1　指導計画の流れ

保育課程

発達過程による区分

| おおむね6カ月未満 | おおむね6カ月〜1歳3カ月未満 | おおむね1歳3カ月〜2歳未満 | おおむね2歳 | おおむね3歳 | おおむね4歳 | おおむね5歳 | おおむね6歳 |

長期指導計画
・年間指導計画　4月 ────────→ 3月
・期の指導計画　1期　2期　3期　4期

・月の指導計画　7月　8月　9月

短期指導計画
・週の指導計画　4週／3週／2週／1週
・1日の指導計画　月　火　水　木　金　土

（筆者作成）

実態、家庭の状況を把握し、保育理念や育ってほしい子ども像など保育所全体に関わるものであり、それを具体化したものが「指導計画」である（**図表1**）。

指導計画には年、期・月の指導計画などの長期間の見通しを示した長期の指導計画、週、1日などのより具体的な子どもの生活に即した短期の指導計画がある。

2．指導計画案（指導案）とは

図表1に示したように、日々の保育は一連の指導計画の流れの中に位置づけられていることが理解できる。つまり、それぞれの時期に子どもの発達に必要とされる経験や活動を選択し、どのような方向に発展するのか見通して作成するのが指導計画である。しかし、「指導計画」という名称ではあるが、子どもの主体的な活動が遊びであることは変わらない。どのような場面でどのような援助をしたらよいかを予測して書き記している案なのである。つまり計画案を作成しても、その日の子どもの状態や興味・関心の持ち方、遊んでいる子どもの構成などによっては、計画を変更したり、修正したりする柔軟性が必要とされるのである。

実習生の責任実習は、日案を計画する場合が多く見られる。一日の中の一定の時間帯の活動を計画する部分実習から始まり、最終的には一日を担当する全日実習へと進んでいく（**図表2**）。

図表2　実習形態と活動例

		実習の形態	活動例
責任実習	部分実習	毎日の生活の一部分の時間帯	朝の会、給食・お弁当、おやつ　など
		活動と活動のつなぎの時間帯	絵本、紙芝居、手遊び、歌　など
		一定の時間帯に課題を設定する	制作、表現、運動、ゲーム　など
		半日程度	課題設定を中心として、前後の時間帯を含めた活動内容　など
	全日実習	登園から降園まで	一日の生活を見通した活用内容　など

（筆者作成）

第2節　指導案作成の手順と留意事項

　初めての指導計画案の作成やその実施に当たり、自分のイメージと実際の子どもを目の前にしたときに大きな不安を抱いている実習生も多いことだろう。子どもの状態、クラスの実態、担任の援助の方法など細部にわたって配慮しなければならないことを考えて計画する必要が出てくる。そこで、どのような手順で、どのような内容を記して指導案を立てたらよいかを以下に説明していく。

1. 指導案を書く前に

　保育実習は約2週間（90時間）と非常に短く、さらにどのクラスに何日間入るか、数日で替わるのか、同じクラスに配属になるかで指導案作成の取り組みも異なってくる。指導案を書く前の準備として、次の2点が挙げられる。

　1点目は、どのような課題を設定するかである。そのために、保育所の保育目標や方針、月、週のねらいや活動内容を知ること、さらに子どもの発達の状態や活動、友達関係、子どもがどのようなことに興味や関心があるかなどを事前に理解しておく。担任保育士に進んで相談し、アドバイスを受けることが肝要であるが、保育士は忙しいので、話をする時間を作っていただくことを伝えたり、聞きたいことをまとめたりしておき、時間を有効に使い、かつ積極的に取り組んでほしい。

　2点目は、日案を立てる場合には、必ずクラスの週案を見せてもらい、その週の内容や流れを知っておくことが大事になる。何度も言うように、突然の思いつきで日々の保育が行われているのではなく、保育課程に基づいているのであるから、この時期、この週に取り組むねらいや内容が決まっている。運動会や発表会などの行事のつながりの中で行わなけれ

ばならないこともある。しかし、週案に関係なく、実習生に任せられることもある。その場合は、季節や時期を考え、子どもの実態や関心を捉えて、自分の得意な活動を取り上げることも可能であろう。

2. 基本的な内容の留意点

図表3には一般的な指導案を示した。指導案には決まった形式はないが、基本的に書くべき内容があるので、作成の手順に従って解説する。
①学籍番号　②実習生氏名　③保育所名　④保育指導担当者氏名
⑤クラス担任氏名　⑥実施日　⑦年齢、クラス名、人数、男女数
これらの項目は、あらかじめ記入しておくことができる部分である。さらに、次の点に考慮することが大切である。
・指導計画（週案）との関係はどうか
・子どもの実態（発達年齢、時期、興味・関心）に適しているか
・活動のねらいや内容は盛りだくさんになっていないか
・活動の時間配分や流れはどうか
・環境構成はどうするのか
・援助の仕方はどのようにするのか
・複数の補助案はできているか
・活動のバランスはとれているか

以上のような点を考えながら、手順に沿って指導案を作成していく。

3. 指導案の立て方

①クラスの子どもの状態を書こう

指導案の用紙には「子どもの姿」「幼児の姿」など、子どもの今の状態を記す欄がある。今の子どもの遊びの様子や友達関係、どんなことに関心を持ちやすいのか、どんな経験をしているのかなどを記す。そこから、○○○な内容、△△△な活動へと導きやすい。

図表3　指導案形式のサンプルと留意点

《保育指導案》	平成○○年度　　○○○大学保育学科		
	学　籍　番　号		
	氏　　　　　名		㊞
	保　育　所　名		
	指導担当者氏名		㊞
	クラス担当者氏名		㊞

平成○○年○月○日（○曜日）	児　　組　　名（出席　　名　欠席　　名）

子どもの姿：子どもの発達過程を踏まえた生活と遊びの実態を捉える。

> この時期の子どもの発達を知り、現在の子どもの実態はどうであるかを観察の中からしっかり捉える。

ねらい：保育所保育指針による発達過程を踏まえ、園の保育課程や指導計画からその時期の子どもにどのような力を育てたいか、保育者としての願いを立てる。

> 発達過程を踏まえて、その時期にどんな力を育てたいのかを明確にして心情・意欲・態度の側面から設定する。経験してほしいこと、身につける必要があることなど、保育士の願いを盛り込む。

内容：「ねらい」を達成するために、この時期にこそ経験させたい具体的な活動を立てる。

> 「ねらい」を達成するために必要な経験は何かを明確にした活動にする。

時間	環境構成	予想される子どもの活動	保育士の援助・留意点
おおよその活動の目安	・ねらいの達成に向けて、必要な経験がなされるように、もの・人・場所・保育士の働きかけなどを関連づけて記入する。 ・子どもが主体的に環境に関わり、活動を生み出していける状況を考えて記す。 ・図やイラストなどで記すと分かりやすい。	・保育士が意図的・計画的に構成した環境（状況）に対して、子どもが主体的にその環境に関わり、どのような活動を生み出すかを予想して記す。 ・幼児の活動の展開の見通しが必要となる。 ・具体的な活動を記す。	・「ねらい」の達成に向けて、幼児の活動が充実し、満足感や達成感を得られるような援助を具体的に丁寧に記す。 ・幼児の活動がよりよく展開されるために、活動を生み出す状況を新たに作り出したり、発展させたりするように記す。 ・個別に配慮を必要とする場合も記す。

省察

> 「ねらい」がどの程度達成されたか、幼児の反応や表情の変化、言葉などから推測し、次の保育の参考となるようにまとめる。

（筆者作成）

②主な活動をイメージしよう

　主な活動とは、保育者が子どもに「こんなことを体験させたい」、「こんな遊びをさせたい」という願いのある活動である。しかし保育者の願いだけでぐいぐいと引っ張るのではなく、子どもが「何かおもしろそう」「楽しそう」「やってみたい」と思える活動であってほしい。

③「ねらい」を決めよう

　保育者の意図的な願いを活動にするためには、子どものクラスの状態を知ることが第一である。保育者の願いや経験させたい内容が発達や年齢に合った活動であるのか、また時期を外すことができないものか、などを把握して、適した「ねらい」を決めていく。

　保育所保育指針には、「ねらい」や「内容」が記載されているので、必ず目を通しておくべきである。ねらいは、子どもの発達状況に照らし合わせて、心情、意欲、態度の側面から設定するとよいだろう。「ねらい」が適切であったかどうかは、反省・省察と結びつき、検討される。

④内容を考えよう

　「ねらい」を達成するためにこの時期にこそ経験させたい活動を、イメージから、より具体的な活動として考える。その活動が明確に見えるように立てることが大事である。箇条書きで記入するほうが把握しやすい。

⑤環境を構成してみよう

　「ねらい」を達成するために、環境の構成はたいへん重要である。毎日の保育がどのような環境の中で実践されているのか、また、特別な設定をして活動するのかをしっかりと把握する必要がある。子どもの動線をイメージしながら、どこにどのようなものが配置されているのか、数量なども観察しておくことである。実習生の場合は特別に活動を設定することも多く、効果的な環境構成を考えてほしい。指導案は、活動に合わせてイラストなどで表すとイメージしやすく、分かりやすい。材料や道具の確認、個数、予備などの細かいところにも注意を払ってほしい。制作などは、必ず実習生も同じ手順で試みることを忘れてはならない。

実際にやってみることで、工夫も見えてくる。

　もう一つ重要な環境は、保育者である。保育者がどんな進め方や援助、言葉かけをするのか。子ども一人ひとりを思い浮かべて、配慮することなどをシミュレーションして書き込んでいくことは最も重要である。

⑥さまざまな場面を予測してみよう

　子どもの状態によっては、実習生が設定したとおりには進まないことが多々見られる。指導案は「このように活動するだろう」という予測のもとに作成している。いろいろな要素によって、せっかく吟味した活動を変更しなければならなかったり、一生懸命考えた活動に子どもが関心を示さなかったりすることもある。あらかじめ子どものふだんどおりの生活を把握し、「こうなったら…」と予測することによって、援助、配慮点や工夫が見え隠れしてくる。柔軟な発想でいろいろと予測してみる時間も必要である。

⑦何度もトライしよう

　ベテランの保育者も頭を悩ませるのが指導案である。実習生は先輩のアドバイスを生かして、何度でもトライして書き方に慣れよう。

第3節　指導案の事例と実践への配慮

1．部分実習指導案

　保育の形態によって、部分実習の指導案も異なる。以下には全園児の朝の活動（**図表4**）と4歳児クラスの制作活動の部分実習の指導案（**図表5**）を示した。

図表4　部分実習（全園児の朝の活動）の指導案例

1. 本日のねらい
   ◎先生や友達といっしょに、積極的に楽しみながら体を動かす。
   ◎遊具を使用する際には、約束を守る。
2. 内容
   ○友達といっしょにアスレチック遊びの中で十分に体を動かす。
   ○アスレチックの遊具では順番を守り、安全に気をつけて遊ぶ。
3. 展開

時刻	環境構成	子どもの活動	保育者の援助および環境の再構成
8：40	・テラスにすのこを準備する。	・登園する。所持品の始末をする。出席板を白に変える。シール帳にシールを貼る。	・朝の挨拶を交わしながら一人ひとりの健康状態や様子を把握する。・場や時間を確保し、遊びの様子を見守る。
	・子どもたちが4、5名登園したら、その子どもたちを誘って先生も中庭に出て、アスレチック遊びをする。（橋渡り、ネット登り） ・テラスに準備したすのこ付近にカラーフープを10個くらい置く。 (園) 中庭	・紅白帽子をかぶってアスレチックの遊具で遊び始める。・意欲的に挑戦するが、思うようにできなかったりすると先生の援助を求める。・何度も繰り返してアスレチック遊びをする。	・他児の遊びを見ている子どもに誘いかけ、様子を見ながら仲間に入るきっかけを作る。・個別に援助し、できるようになった子どもの喜びをいっしょに受け止める。・意欲的に活動に取り組んでいる子どもに目を向けさせ、周りの子どもたちにも働きかける。・カラーフープも使用可能であることに気づかせて、子どもたちといっしょに並べる。
9：10			

出典：「北海道教育大学附属函館幼稚園実習手引き」を基に作成

2. 全日実習（設定保育）の指導案

　実習生が全日実習として実施する場合、期、月、週のねらいや設定日に至る指導の流れが見通せる指導案の例を示す（**図表6**）。

3. 実践への配慮

　担当保育者に指導を受けながら自分で立てた指導案に基づいて実際に行ってみると、なかなかそのとおりにはいかないものである。その日の子どもの状態や予想できない出来事が起きたり、実習生自身が緊張した

図表5　部分実習（4歳児クラスの制作活動）の指導案例

題 材	七変化☆クルクル花火
日 時	平成23年　10月4日　火曜日　10時10分～　10時20分
対象児	4歳児　りす組（15名）
保育者	○○○○　　　△△△△　　　□□□□
ねらい	・回したときの色の変化を楽しむ。 ・友達と見せ合ったり、いっしょに活動する楽しさを味わう。
内 容	・さまざまな色を使い、花火を表現したコマを作る。

時間	環境構成	予想される子どもの活動	保育者の援助・指導上の留意点
10：00	T2　□□□□　T1 　　　　　　　　 　T3　○○○○○○		・けんかすることが多い子どうしは離して座るよう席に着かせる。 ・完成品と材料を見せ、作り方を説明する。
10：05	①	①紙皿にアルミホイルを巻く。 ②アルミホイルの上にマジックやシール、折り紙で模様を作る。 ③書いたり貼ったりした裏にテープでビーズを貼る。	・紙皿とアルミホイルを配る。 ・マジック、シール、折り紙を配る。 ・打ち上げ花火をイメージさせる言葉がけをしながら、塗ったり貼ったりすることを促す。 ・ビーズを配り、子どもたちに一つ選ぶように促す。 ・うまく真ん中に貼れない子がいたら手伝う。
	②		
10：15	③	・完成したコマを机の上で回して遊ぶ。 ・「わあ！すごい」「回ってるよ！」	・色の変化についてカードを使いながら問いかける。言葉がけをする。 ・止まっているときと回したときのはっきり見える色の違いや、点が線のように見えることを発見できるよう促す。

（筆者指導学生作成）

りと、多くのことが考えられる。あくまでも、保育者の予測で作成した案であるから、焦らず、子どもの活動に沿って、臨機応変に進めることが大切である。何が何でも指導案どおりに進めようとすると、難しい説明をしたり無理にやらせようとしたりして余裕がなくなり、子どもの反応や様子に気づかず一方的な指導になってしまう。

そのためにも、担任保育士が日頃、どのように子どもに関わり、どのような援助をしてきたかを十分に観察し、理解しておきたい。

計画どおりに実践することも大切であるが、常に子どもの様子を捉えながら、周囲の環境に柔軟に対応し、ときには計画を変更することも必

図表6　全日実習の指導案例（部分）

全日実習指導案

　日時　　平成 23年 12月 22日（木曜日）
　対象児　3歳児　もも組（男児6名　女児7名　計13名）
　指導者　〇〇大学保育学科2年　△△△△

1. 幼児の姿
・平行遊びをしながら、徐々に気の合う友達と遊ぶ姿が見られる。
・保育の中では、数字・言葉に興味を示す子もいる。
・保育者や友達のまねをして遊ぶことを楽しんでいる。
・自己主張が出てきて、遊具の取り合いなどのトラブルも見られる。

2. ねらい

期	・冬の健康・安全の習慣を身につける。 ・保育者や友達と簡単なルールを守って楽しく遊ぶ。 ・生活発表会に参加し、表現遊びを楽しむ。
月	・年末や迎春の行事を楽しむ。
週	・クリスマス会に向けて期待を高める。

3. 指導の経過

| 12/3
・クリスマスツリーの飾りを楽しく制作する。 | → | 12/10
・「赤鼻のトナカイ」を歌う。 | → | 12/22当日
・クイズをする。
・歌に合わせて踊る。 | → | ・クリスマス会に参加する。 |

4. 本日のねらい
・保育者の動きをまねながら、歌って踊ることを楽しむ。
・クイズに楽しんで参加する。

5. 内容
・クリスマス絵本を見る。
・クリスマスクイズを行う。
・クリスマスの歌に合わせて踊る。

6. 活動案

時間	環境構成	予想される子どもの活動	保育者の援助・指導上の留意点
10:00	ピアノ・T3　黒板　●T1　〇〇〇〇〇〇　〇〇〇〇〇〇〇　T2	【絵本「サンタさんのプレゼント」を見る】 ・保育者の元へ集まり、クリスマスの絵本を見る。 ・絵本に出てくるプレゼントの数をいっしょに数える。	〇静かに聞いてもらえるように、言葉かけをする。 〇みんな見える場所にいるか確認して、見えづらそうな子どもには移動するように声をかける。 ・サンタやトナカイ、プレゼント等のクリスマスに関するキャラクターや物に興味を持てるようにする。

第10章 ● 指導案の作成と実践

時間	環境構成	予想される子どもの活動	保育者の援助と留意点
10:05	○用意するもの ・絵が描かれたカード…5枚（クリスマスに関連した絵を用意） ・絵カードよりも少し大きく、中心に穴を開けたカード…1枚	【クイズをする】 ・保育者からクイズの説明を聞く。 ・クイズを楽しんでする。 ①サンタさん ②トナカイ ③クリスマスツリーなどと答える。 ・正解して喜ぶ姿がある。	○子ども全員がルールを理解できるようにする。 ○次のクイズに期待を持てるような言葉かけをする。 ・分からない場面はヒントを出していっしょに考える。
10:20	○内容 ・絵カードに、穴の開いたカードを重ね、穴を動かし、描かれている絵を当てて遊ぶ。	・保育者の話を聞く。	・クイズに出てきた絵を見ながら子どもたちに分かりやすくクリスマスの話をする。
10:25	（配置図：黒板、ピアノ、T1・T2・T3、子どもたち） 〈振り付け〉 「お鼻」…鼻を指で指す。 「トナカイ」…つのを作る。 「でもそのとき」…人指し指を立てる。 「ピカピカ」…指を閉じたり開いたりする。 その他のところ…体を揺らす。	【歌を歌う】 ・保育者の歌を聞き、振り付けを見る。 ・保育者の質問に答える。 ・立って隣の子とぶつからないように並ぶ。 ・保育者のまねをして体を動かして歌う。	・「赤鼻のトナカイ」の歌を紹介する。 ・保育者が一度歌ってみせる。（ピアノに合わせる） ・質問をし、先ほどの絵本を思い出すように促す。 ・子どもたちが踊りたいと思うような言葉かけをする。 ○子どもたちがぶつからないように少し距離をおいて並ぶように言葉をかける。 ・歌と踊りを子どもたちに分かるように教える。（分解した動作） ○振りを大きくし、楽しそうに踊ってみせる。
10:35	（配置図：T1・T2と子どもたちの輪）	・最後までできたら歌いながら保育者といっしょに楽しく踊る。 ・みんなで輪になって踊る。	・最後までできたら歌に合わせて踊る。 ○子どもたちの近くで分かりやすいように手本を見せながらいっしょに歌い、踊る。 ○保育者がリードしながら輪を作る。
10:40			・楽しく踊る。

評価の観点	・子どもたちが振り付けを覚えて元気よく歌を歌えていたか ・クイズに意欲的に答えていたか

(筆者指導学生作成)

図表7　施設実習の指導案例

実習日	平成●年　○月○日　●曜日	時間	9：30 〜 11：30
利用児	つぼみ組（男児　4名　女児2名　計6名）		
保育者	実習生　○村△子、◇谷◎香　ほか　指導員3名		
ねらい	(全) 順番を守って遊ぶ。 (個) 好きな活動を見つけ、保育者といっしょに楽しむ。 (個) 個別の課題に進んで取り組む。		

個別の課題とねらい	C児	型はめ→パズル	型の大小を見て合わせる。
	Y児	線なぞり	ぐるぐる線をクレヨンでなぞる。
	I児	色あつめ	クリップを赤色と青色に弁別する。
	H児	着席行動→シール貼り	いすに座り、シールを5枚貼る
	R児	色塗り	絵の色を見て、同じ色で塗る。
	D児	型はめ	○△□の弁別をする。

時間	子ども・利用児の活動	保育者・指導員の援助	配慮すること
9：30	自由遊びをする。 　ままごと 　ブロック 　トランポリン 　ボールプール	・子ども全体を見渡すことができるよう配慮していっしょに遊ぶ。 ・片づけはいっしょに行う。	・身辺処理を済ませてから遊ぶように、カードをセッティングしておく。 ・一人ひとりの状態をチェックする。
10：20	朝の集いに参加する。 　挨拶 　カレンダー 　天気 　スケジュール 　アンパンマン体操	・部屋に入り、当番といっしょに朝の集いを行う。（当番はR児） ・当番以外の子どもの援助をする。	・言葉がけと絵カードを提示する。 ・呼名のときにはっきりと呼ぶ。 ・カレンダー、天気は当番といっしょに行い、他児と復唱する。 ・今日の予定をカードとともに伝える。 ・CDの音量に気をつける（D児）。
10：40	トイレに行く。	・排泄指導	・手洗いの言葉かけをする。
10：50	設定遊びをする。 (全) アスレチック	・アスレチックの順番を矢印で知らせる。（マット→トンネル→一本橋→ボード→いす） ・安全に気をつける。	・順番を意識させるように、フープに座る。 ・矢印を見えるように置く。
11：15	(個) 課題をする。	・個別の課題に誘導する。	・個別の課題に取り組みやすいように、場所を決める。（YとIは壁側） ・手早く課題を提示する。(H児) ・意欲づけや励ましの言葉をかけて、課題がクリアできるようにする。
	好きな遊び	・終わったら好きな活動を選べるように準備する。 ・見守りながらゆったりと関わる。	・絵本、ビデオ、音楽を用意しておく。

（筆者指導学生作成）

要であることを理解してほしい。また、準備が十分であるか、場所の安全面も考慮しながら、何度もシミュレーションをしておくことである。

　実践するときには、笑顔で子どもの前に立つことが何より一番である。実習生はこのうえなく緊張するであろうが、担任保育士にいろいろ相談し、練り上げた指導案の実践である。自信を持ち、とびっきりの笑顔で進めてほしい。

4. 施設実習の支援計画案

　施設実習は、大きく分けると児童養護系、障害児系の施設で実習を行う。施設の設立している目的により、内容や指導方法、援助方法が異なる。**図表7**には知的障害児施設の支援計画例を示した。実習生が一日の全てを担うことはほとんど見られない。施設職員といっしょに実施したり、一部を担当させてもらうことが多い。施設先の概要によって、一日の生活の流れに沿った実習内容であったり、機能訓練や自立訓練を含んだ支援計画であったりするので、実習先でのオリエンテーションが大切である。

【引用・参考文献】

大橋喜美子編著『保育のこれからを考える保育・教育課程論』保育出版社、2012年

島田ミチコ監修、上中修編著『最新 保育原理——わかりやすく保育の本質に迫る』保育出版社、2012年

松井とし・福元真由美『幼児教育課程総論——豊かな保育実践を構想するために』(保育・教育実践テキストシリーズ) 樹村房、2011年

_# 第11章

実習生としての姿勢

工藤真由美

第1節　実習生としての基本的な心構え

　実習は、養成校で学んだ知識や技術を、現場での体験によってしっかりと確かなものにし、組織や実務のしくみについても触れることを通して、保育者としての役割や態度を身につけることに目的がある。保育実習は児童福祉施設での実習であり、保育所実習と施設実習から成る。いずれにしても、実習生が保育の実際の場に即して、体験的に今までの学びを確認・深化させ、子どもへの愛情や保育者としての使命感や責任感を強め、資質を向上させることが大切である。しかし、十分な成果を挙げるには、実習生としての心構えが重要になる。

　まず、実習生は保育実習を通して、保育の本質を理解することが重要である。子どもとの触れ合いの中から子どもの成長や発達の実際を学び理解し、子どもの生活に触れていくことで、子どもにとっての望ましい援助の実践を学んでいくことの意義と重要性について理解する姿勢が必要である。

　また、実際の保育現場で、保育室・園庭・遊具などの物的環境や保育者などの人的環境が、どのような意図で整えられ、影響を与えているのかを理解する姿勢が必要である。

　保育者の仕事は、直接子どもに係わるものから子どもに係わらないものまでさまざまである。保育者の仕事の本質に触れられる貴重な機会が実習であるということを自覚して臨むことが重要である。

　そして何よりも、保育を学ぶ者としての真摯でまじめな姿勢や態度が大切である。これは保育の実際について、保育者や子どもから学ばせていただくという姿勢や態度である。実習は養成校と実習園が綿密に連絡し合いながら実現するものである。実習生を受け入れ指導する保育者は、多忙な日々の保育に加えて、指導を引き受けているのである。これは、

図表1　実習生として必要な姿勢（チェックリスト）

実習前の姿勢	(○／×)
①実習の意義目的をしっかり理解しているか。	
②実習に必要な心構え、プライバシーの保護や守秘義務について理解しているか。	
③実習記録の取り方を身につけているか。	
④実習園の特徴などについて情報収集して理解しているか。	
⑤オリエンテーション参加に必要な書類や持ち物はそろえているか。	
⑥実習先への電話のかけ方は練習できているか。	
⑦実習先への経路や所要時間は確認できているか。	
⑧オリエンテーション終了後の報告や提出書類は用意できているか。	
実習中の姿勢	
①体調は万全であるか。	
②始業前に十分間に合う時間に出勤しているか。	
③出勤簿に押印しているか。	
④遅刻、欠席、早退なく出勤できているか。	
⑤実習先の方針に従っているか。	
⑥実習日誌はきちんと記入し提出できているか。	
⑦分からないことや困ったことは質問できているか。	
⑧職員、子ども、保護者みんなに元気に気持ちよく挨拶しているか。	
⑨子どもの名前を覚えたか。	
⑩言葉遣いは丁寧にできているか。	
⑪身だしなみは整えられているか。	
⑫指示待ちではなく、積極的に動くことができているか。	
⑬注意を受けたことは改善するよう努めているか。	
実習後の姿勢	
①実習のお礼状は出したか。	
②実習ノートは期限を守って提出したか。	
③実習ノートの受け取りはきちんとできたか。	

実習生として必要な姿勢が備わっているかどうかチェックし、○をつけよう。もし、×の部分があれば、補うように改善していく必要がある。

（筆者作成）

将来のより良い保育者を育てたいという使命感からくるものである。実習生はそのことをよく理解し、感謝の気持ちを持って積極的に実習に臨む姿勢が不可欠である。

このような考えに立てば、資格取得はするが保育所に就職する気は全くないなどということを公然と言ったり、消極的な態度や投げやりな態度で実習に臨んだりということは厳に慎まねばならないということがおのずと理解されるだろう。

子どもは保育者を映す鏡であるとよく言われるように、子どもとともに成長しようとする保育者の姿勢が、望ましい保育を展開することにつながるのである。そのような保育者になることを目指し、向上心を持って実習に臨む姿勢が実習生に求められる。

以下、実習前・実習中・実習後に分けて、実習生としての姿勢を具体的に述べることにする（**図表1参照**）。

第2節　実習生としての実習前の姿勢

1. 日頃の生活を見直す

保育の場面では、子どもは常に保育者の行動やしぐさ、態度を見逃さず、そこから多くを学び取っている。実習生といえども子どもの前に立つ以上、常に子どもは自分を見ているということを忘れてはいけない。

しかしながら、この子どもの前に立ってお手本として振る舞うといっても、その振る舞いは常日頃から身についたものであるので、行動の端々に日頃の習慣が無意識に現れてしまうこともあるだろう。それだけに、言葉遣いや挨拶の仕方、お辞儀や返事の仕方、歩き方や姿勢、身の回りの整理整頓、食事のマナー、箸の使い方、字の書き方、鉛筆の持ち

方など、さまざまな行動に日頃から注意を払っておく必要がある。表面だけうまく取り繕ったとしても、人間の言動には必ず本人の日頃の生活がにじみ出てくるということを心得ておく必要がある。日頃できないことは、大事な場面でもできないのである。学生の時から毎日を意識して、保育者としてあるべき姿を考えて行動したいものである。

2. 日頃の学習を確認する

　実習は、日頃の学びの集大成としての実践である。学内で行っている学びは、机上の学習が中心である。日々の学習により、頭で考え理解している理論や知識が集積されている。しかし、保育は理論と実践が不可分の関係であり、集積された理論や知識を実際にどのような場面でどのように引き出して使うのかが問題である。瞬時に的確な方法が選択できるように、実際の場面で体験することが必要不可欠になってくる。そのために実習が用意されているのである。

　しかしながら、まだ学生の身の上である。初めから完璧にこなすことはとうてい難しい。ゆえに、もし実習の効果を最大限に引き出そうとするならば、まずは養成校で学んだ各教科の内容・知識を確認しておくことである。曖昧な知識では実習時に思うような成果を上げることが難しいばかりでなく、思わぬ失敗を招いてしまうこともある。そうならないためにも、まずは実習までに、さまざまな教科の学習内容を振り返り確認しておくことが重要である。さらに、実技面でのピアノや絵本の読み聞かせ、手遊びやゲーム等も十分に練習し確認しておくようにする。また、責任実習に向けての計画を立てておくなど、事前に学内での学習の振り返りから実習に向けての準備を十分にして、実習当日を迎えるという心構えが大切である。実習に向けて、不安な気持ちは実習生誰もが感じるものであるが、やるべきことをきちんとやったうえで実習当日を迎えるのと、ただ何もせず漠然と実習園に行くのとでは、不安感の中身が全く異なり、当然実習の成果もおのずと違いが出るであろう。事前の準

備こそが重要である。

3. 実習オリエンテーション

　実習オリエンテーションには、日時、場所をしっかりと確認し、時間の余裕をもって参加することが大事である。実習オリエンテーションでは、実習園の特徴や保育目標、保育内容、保育形態、クラス編成などを理解し、行事の予定や準備物、提出書類、持ち物、服装、食事などについてもメモをとり確認する。これらを通して、実習の成果を十分上げられるよう、事前の準備を整えねばならない。

第3節　実習生としての実習中の姿勢

1. 保護者との関わり

　実習中は、実習生といえども園の職員である。当然、保護者と関わる場面がある。そのとき、実習生の対応が悪ければ、園の印象を損ねることにもなりかねないということを心得たうえで、その場その場で適切な態度・振る舞いをするように心がけねばならない。まず、保護者への挨拶は最低限のマナーとして、気持ちよくはっきりと好印象を与えるように行うことが必須である。
　場合によっては、保護者から何か質問を受けることがあるかもしれない。そのときは曖昧な返事をするのではなく、「私には分かりかねます。聞いて参りますのでお待ちください」と断ったうえで、担当の職員等に質問の内容をしっかりと伝達し、的確な返事ができるようにすることが重要である。聞かれたことを知らないということがだめなのではなく、よく分からないことをいいかげんに答えることがトラブルの元なのであ

る。そのことをよく踏まえて対応することが大事である。

2．身だしなみ

　実習生が意外と頭を悩ませるのが、実習園への通勤時の服装である。制服と決められている場合はあまり問題がないが、私服でと言われるとあれこれと迷い、決まらないということがある。

　まず、通勤時の服装は、常に見られているということを心得ておくことが重要である。それは私服で自由だという発想ではなく、「実習のため」ということに適した私服という枠の中で服装を考えることが求められているということである。服装といってもそれは単に着るものだけではなく、髪型、化粧そして靴に至るまで、身だしなみとしてトータルに考えなければならない。

　①露出の少ない服、清潔感のある服装を選ぶ。
　②実習の妨げにならない、あるいは印象が暗くならないように、きちんとまとまった髪型（束ねる、くくる）にする。
　③濃いアイメイクや付けまつげなどはやめ、ナチュラルメイクを心がける。
　④爪はきちんと短く切りそろえ、マニキュアやネイルアートは厳禁である。
　⑤ミュールやサンダル、ヒールの高い靴は避け、かかとを踏んだような靴の履き方もやめる。
　⑥アクセサリーも、実習中は全て外すなどの配慮が必要である。

　このように、常に園の職員・保護者から見られ、評価されているということを意識した、実習生として誰からも好感の持たれる身だしなみが求められるのである。

3．守秘義務

　保育者には、職務上知り得た情報を外部に漏らさないという守秘義務

が課されている。保育士には倫理綱領という決まりがあり、たとえ実習生であっても、この守秘義務の規定を守る責任がある。個人情報の取り扱いや、プライバシーに関わる問題の取り扱いなどは非常に厳密に行わなければならず、慎重さや配慮が最も必要とされる部分である。ゆえに、このような問題は、たとえ家族や仲の良い友人に対しても口外しないように、守秘義務を意識し気をつけなければならない。実習日誌の取り扱いにも注意が必要である。例えば、ふだんのレポート作成や宿題を飲食店でしている感覚の延長で、実習日誌を喫茶店で記入してみたり、うっかり電車の中に置き忘れてしまったりということも、重大な守秘義務違反になることを理解しておかなければならない。

　また、実習生自身のプライバシーについても、子どもに個人的な住所を教えたり、自宅に遊びに来させたりというようなことはするべきではない。あくまでも実習は個人の問題ではなく、養成校が依頼し、実習園との公的な関係の下で成り立っているものであるので、個人的なかってな振る舞いは慎まねばならない。

4．マナーや言葉遣い

(1) 挨拶と返事

　実習生に限らず、社会で生きていくためには人間として守るべきマナーがある。人間関係を円滑にし、社会での人と人との結びつきを密にするのに不可欠なマナーに挨拶と返事がある。

　まず挨拶については、自分から笑顔で気持ちよく挨拶することが大切である。実習先で知らない人だから緊張するということはあっても、自分から挨拶できないというのではいけない。まず人よりも先に自分から大きくはっきりとした声で気持ちよく笑顔で挨拶することができれば、人間関係を築きやすく実習先に早く溶け込むことができるだろう。

　また、返事も挨拶と同様に重要なマナーである。名前を呼ばれたり、指示されたりしたことに対して何の返事もないのは、相手に対して自分

は聞こえていない、あるいは理解していないということを示している。聞こえている、理解できているならば、はっきりと大きな声で「はい」「はい、わかりました」という言葉を返さなければならない。

　挨拶にしても返事にしても基本的なマナーであり、日常生活で当然身につけているべきものである。もし、これらがふだんからできていないようであるならば、心がけて直すべきである。

（2）立ち居振る舞い

　挨拶や返事にしても、それらをする場合の姿勢や振る舞い方が悪いと、せっかくの挨拶や返事も逆に悪い印象を相手に与えてしまうことがある。例えば、挨拶のときのお辞儀の仕方も、首だけをぺこりと下げるのではなく、ゆっくりと腰の部分からしっかりと角度をつけてお辞儀をすると、非常に丁寧な印象で好感を持たれる。返事をする場合にも、声だけで「はい」というのではなく、声をかけてきた人の方にきちんと体ごと向いて返事をすると、とても良い印象になる。

　また、靴を脱ぐ場面などでも、脱いだ靴をそろえる、他の人の靴があればそっとそろえるなど、ちょっとしたことにも気配りできることが重要である。

（3）言葉遣い

　敬語をしっかりと身につけ、適切に使えることができれば、実習生としてしっかりとマナーが守られているということになるが、なかなか十分でない学生が多い。適切な敬語がスムーズに使えるように、日頃から使い慣れておくことが重要である。

　また、敬語の中の丁寧語を使うだけで、印象がとてもよくなる。話の語尾を「です」「ます」にするのである。単語を発するだけでなく、そこに「です」「ます」を付けるだけで印象はがらりと変わる。「実習ノート」と言わずに「実習ノートです」と言って相手に差し出すと、全く印

象が異なる。ほんの少しのことが印象を変え、人間関係を良くも悪くもすることを心得ておくべきである。

さらに、子どもに対しても、名前を呼び捨てにしない、乱暴な言葉遣いで接しないというのは当然のことで、一人の人格として子どもを認め存在を尊重するという気持ちは、言葉遣いに表れるということを意識しておくことが重要である。

また、今はやりの若者言葉や流行語は実習生としてふさわしくないので、決して使わないように心がけるべきである。それは休憩時間等、実習生どうしの場面であっても控えなくてはならない（超～、マジ～、やばい、など）。これらは実習中だけで十分対応できる事柄ではないので、ふだんから若者言葉の使用を控え、目上の人への正しい敬語、周りの人に対しての丁寧な言葉遣いを心がけ、身につけることが重要である。そうすれば、実習だけでなく就職の面接、さらには社会人として第一歩を踏み出す際にも、戸惑わなくてすむのである。

5. 通勤

実習中はまず、時間の余裕を持つことが大切である。勤務時間の前に余裕を持って出勤し、職員に挨拶することから始める。始業ぎりぎりに滑り込んできたり、まして遅刻するなどは厳禁である。交通機関のトラブルによる延着などを見越して、余裕を持って出勤することが必要である。出勤中も、必ず保育者として見られているという自覚を持って行動する必要がある。電車内で大声で話す、化粧をするなどや、自転車や徒歩による出勤時も、信号無視などは当然あってはならない。園に一歩入ってから実習が始まるのではなく、家を一歩出て帰宅するまでが実習であるという自覚を持つことが求められるのである。

6. 生活リズムを整える

実習中は学内の学習時とは異なり、慣れない生活リズムや環境の中で、

極度の緊張とストレスにより体調を崩す可能性が高くなる傾向がある。肉体的な疲れや精神的な疲れをなくすことは不可能でも、上手に発散したり回復させたりする方法を取り入れて、実習期間をうまく乗り切ることが重要である。

　疲れがたまってくると、実習中にぼんやりとして反応が鈍くなったり、言われた指示を忘れたり聞き漏らしたりする頻度も高くなる。睡眠不足のため、午後からの保育でうとうと居眠りをしてしまうなどはもってのほかである。実習日誌や指導案の記入などで、夜遅くまで起きて作業することが多くなるかもしれないが、できるだけ要領よくまとめ、次の日に疲れを残さないようにするよう心がける必要がある。

7. 整理整頓

　保育室は常に清潔に保たれ、整理整頓がなされていなければならない。子どもの登園前や降園後に、掃除や整理整頓の必要がある。最近の学生は、自分で掃除をする習慣がついていなかったり、身の回りをきちんと整理整頓することに不慣れであることが多い。実習で初めてきちんとした掃除をしなければならなくなり、どうしていいのか分からない、あるいは要領が悪い、手際が悪いという事態が起こりうる。ふだんから掃除機だけでなく、ほうきの使い方やぞうきんの絞り方などにも慣れておく必要がある。

第4節　実習生としての実習後の姿勢

　実習期間が経過することで実習が終了したというのではない。実習という貴重な機会を与えていただいた、実習先の職員への感謝の気持ちを忘れずに、しっかりと実習時の自己の振り返りを行うことが必要である。

そのうえで、実習を通して足りなかったところ、不十分だったところを見つめ、次の段階に進めるように、足りないところを補う勉強や努力をしなければならない。

　そして、このような感謝や振り返り、感想、これからに向けての意欲的な気持ちなどを、しっかりと表現したお礼状を出すようにする。実習記録の提出や受け取りなど、期限を守り確実に行うところまで全てが実習であるということを、実習生は心得ておかねばならない。

【引用・参考文献】
　大場幸夫『こどもの傍らに在ることの意味──保育臨床論考』萌文書林、
　　2007年
　主婦の友社編『社会人のためのマナーとルール』主婦の友社、2005年
　久富陽子編著『保育の学びスタートブック』萌文書林、2012年
　宮川俊彦『言葉づかいの基本』一ツ橋書店、2005年

第12章
実習に必要な実技の習得

鈴木えり子

第1節　子どもの発達に対する理解

　子どもの発達は、同じ年齢でもそれぞれの家庭生活での環境の違いによって異なり、また保育所という集団生活の同じ環境下での生活であっても、その環境の受け止め方が違ってくる。保育とは子ども理解に始まり子ども理解に終わる、と言われるほど、個々の子どもに対する理解が保育の基本であり大切なことである。

　子どもの遊びや行動を見ていると、同じ活動をしているように見えても、それぞれに異なる興味や欲求があって遊びが展開されていることが分かる。子どもたちの遊びに関わる内面的な欲求は異なるので、保育の実践においては、「今」「目の前」の子どもの様子を捉えることが最も重要である。その子どもの思いや行動の意味を理解するためには、その表情や動作、雰囲気などを捉え、その子どもの立場に立って、いかにより適切な援助をすればよいかを判断しなければならない。子どもたちをより正しく理解するために、子どもの身体の発育、運動機能の発達、知的・情緒的発達に留意し、その発達過程に応じて子どもに関わらなければならないのである。

　発達は、生得的な要因である遺伝子と、自分を取り巻く環境との相互作用によって進展していく。発達の道筋は、順序性と共通性がある。生活年齢を基準に多数の発達の特徴を平均化したものを発達段階という。現在の保育所保育指針では一人ひとりの発達してきた過程を重視して、「おおむね〇歳」という区分で示し、順々に育っていくという発達過程と捉え、それぞれの子どもの個人差や個性を大切にしながら適切な援助を考えるべきであるという視点に立っている（**図表1**）。子どもの発達の姿を一側面で捉えるのではなく、その子どもの生活状況や環境、内面的発達などの諸側面を総合的に理解しながら、個々の子どもに応じた援助

をすることが大切である。

　実習中に指導実習（研究実習、設定保育ともいう）の機会を与えられたとき、もちろん保育内容は実際の子どもの姿を基に考えなければならないが、実習期間は決して長いとは言えないので、短い期間で子どもの実態を把握しなければならない。そのためにも、一般的な子どもの発達段階については事前に学習しておくことが求められる。子どもの発達について基礎的な理解をしていることが、一人ひとりの子どもへの適切な援助につながっていくことになる。各年齢による発達の違いについて保育所保育指針などを読んで確認しておこう。

　また近年では、モンテッソーリ教育やシュタイナー教育など特別な保育方法の園も見られる。モンテッソーリ教育の特徴は、子ども自らが自由に活動（お仕事）を選び、進んで取り組める環境を、保育者が子どもの状態を把握して整える方法である。シュタイナー教育は、自由遊びを中心としたコーナー遊びと、中心となる活動を異年齢（縦割り）集団で実施する保育方法である。

　個々の保育所の保育方針や保育者の行動に見られる子どもへの関わりなど、それぞれの子ども観や保育観の省察を通して、実習生自身の子ども観を問い直す機会となる実習になることが望まれる。実習を通して、各自の学びが保育者の資質へとつながっていくのである。

第2節　絵本と手遊び

1. 絵本

　子どもが一人で絵本を読むようになるには、大人に絵本を読んでもらう経験が不可欠である。日本でも、乳児健診のときに絵本を手渡すブッ

図表1　発達過程区分と保育内容

発達過程区分		身体的発達	精神的発達
ⅰ	おおむね6カ月未満児	・誕生後、環境の激変に適応し、体重や身長の増加などの著しい発達。 ・首が据わり、手足の動きが活発になり、全身の動きが活発になる。	・喃語などで自分の欲求を表現。 ・表情の変化や体の動きが現れる。
ⅱ	おおむね6カ月〜1歳3カ月	・座る、はう、立つ、伝い歩き、腕や手先の動きの発達。	・自分の意思や欲求を身ぶりなどで伝えようとし、大人から自分に向けられた気持ちや簡単な言葉を理解する。
ⅲ	おおむね1歳3カ月〜2歳児	・歩き始め、手を使う。 ・歩く、押す、つまむ、めくるなどの運動機能の発達。	・指差し、身ぶり、片言などを盛んに使い、二語文を話し始める。
ⅳ	おおむね2歳児	・歩く、走る、跳ぶなどの基本的な運動機能、指先の機能の発達。	・発声が明瞭になり、語彙の著しい増加が見られる。
ⅴ	おおむね3歳児	・基本的な運動機能が伸びる。	・話し言葉の基礎ができ、盛んに質問するなど知的興味や関心が高まる。
ⅵ	おおむね4歳児	・全身のバランスを取る能力が発達、身体の動きが巧みになる。	・身近な環境に積極的に関わるようになる。 ・想像力が豊かになり、目的を持って行動するようになるが、結果を予測して不安になるなどの葛藤が生まれる。
ⅶ	おおむね5歳児	・運動機能はますます伸びる。	・言葉により共通のイメージを持って遊んだり、集団で行動することが増える。
ⅷ	おおむね6歳児	・全身運動が滑らかで巧みになり、快活に跳び回るようになる。	・思考力や認識力も高まり、文字や社会事象、自然事象などへの興味や関心が深まる。

社会性の発達	基本的生活習慣	教育（保育の内容）					養護
		健康（健康な心と体を育て、自ら健康で安全な生活を作り出す力を養う）	人間関係（他の人々と親しみ、支え合って生活するために、自立心を育て、人と関わる力を養う）	言葉（経験したことや考えたことなどを自分の言葉で表現し、相手の話す言葉を聞こうとする意欲や態度を育て、言葉に対する感覚や言葉で表現する力を養う）	表現（感じたことや考えたことを自分なりに表現することを通して、豊かな感性や表現する力を養い、創造性を豊かにする）	環境（周囲のさまざまな環境に好奇心や探究心を持って関わり、それらを生活に取り入れていこうとする力を養う）	（生命の保持と情緒の安定）
・特定の大人との間に情緒的な絆を形成。							
・特定の大人との情緒的な絆が深まり、やり取りが盛んになる一方で、人見知りをするようになる。	・食事は、離乳食から幼児食へ意向。						
・物のやり取りや取り合いが見られる。見立てなどの象徴機能の発達。							
・自我の育ちが見られ、強く自己主張する姿が見られる。 ・象徴機能の発達により、大人といっしょに簡単なごっこ遊びを楽しむようになる。	・食事、衣類の着脱を自分でしようとする。						
・友達との関わりが多くなるが、平行遊びを楽しむ場合が多い。 ・象徴機能や観察力の発揮による、遊びの内容の発展性が見られる。 ・予想や意図、期待を持って行動できるようになる。	・食事、排泄、衣類の着脱などもほぼ自立。						
・けんかが増えてくるが、決まりの大切さに気づき、守ろうとするようになる。 ・少しずつ自分の気持ちを抑えられたり、我慢ができるようになってくる。							
・遊びを発展させるために、自分たちで決まりを作ったりする。 ・自分なりに考えて判断したり、批判する力が生まれ、お互いに相手を許したり、認めたりといった社会生活に必要な基本的な力を身につけていく。	・基本的な生活習慣が身につく。						
・これまでの体験から、予想や見通しを立てる力が育ち、意欲が旺盛になる。 ・役割の分担が生まれるような共同遊びやごっこ遊びを行う。 ・さまざまな知識や経験を生かし、創意工夫を重ね、遊びを発展させる。 ・自立心がいっそう高まるが、身近な大人に甘えてくることもある。							

出典：［無藤・民秋，2008］を基に作成

クスタート事業が取り入れられ、親子が触れ合う機会として絵本が重要な役割を果たしている。子どもを膝の上に抱き、静かに絵本を開いて読む時間を持つことで、親子の気持ちが寄り添い、絆を深めるのである。

　絵本は「子どもに読ませる本」ではなく、「大人が子どもに読んであげる本」である。子どもたちは絵本と出合うことで、経験したことのない未知の世界の事象や日常では見られない世界を体験できるのである。

　絵本は、子どもの知的好奇心を高めたり、人の話を聴こうとする集中力や想像力、語彙力を育成したりする効果があり、保育には欠かせないものとなっている。子どもの育ちに対する教育効果は言うまでもないが、絵本が子どもの心の中に残るときには、読んでくれる読み手の存在が大きく影響している。

(1) 絵本の選び方

　保育現場においても、絵本は単なる保育教材ではなく、子どもたちといっしょに楽しむ時間を持ち関係を築くことができるとともに、豊かな言葉や創造性、思考力を育む役割を担っている。絵本の読み聞かせにどのような絵本を選択するかは、子どもの実態や興味・関心を配慮することが必要になる。

　特に、クラス全体を対象として絵本を読む場合は、絵本が子どもの遊びや生活に与える影響やその後の展開について、保育者は見通しを持って絵本を選択することが求められる。絵本の選定の趣旨や目的など、保育者の意図や思いをしっかりと持って絵本を選び、読むことが必要になるのである。例えば、季節や行事について子どもたちが共通に理解できるようなものを読んだり、イメージを共有して日常の保育活動や遊びのきっかけとなり、ごっこ遊びや劇遊びに発展できるように物語絵本を読んだり、身近な自然や動植物に関心を持ったときには科学絵本を読んだりというように、それぞれの実際の保育場面に生かしていく絵本を選ぶことが大切である。

保育者が意図的に絵本をクラス全体で読む場合は、子どもの様子や表情、言葉、反応を見ながら読み進めていくことが大切である。絵本の果たす役割は大きいとはいっても、ただ子どものそばに置いて準備するだけで、自然に子どもは絵本を開いてその楽しさを味わうわけではない。絵本をいっしょに読んでくれる保育者や友達との関わりを通して、人間関係を深め、情緒が安定していくのである。

(2) 保育所で読まれている絵本の一例

　保育者は、絵本に対する知識をきちんと持つとともに、子どもといっしょに共有できる感性を備えておくことが求められる。以下は、保育でお勧めの絵本の一例である。たくさんの絵本に出合う、よい絵本を子どもたちといっしょに楽しんでみよう。

- 『くだもの』平山和子作、福音館書店、1981年
- 『たまごのあかちゃん』かんざわとしこ文、やぎゅうげんいちろう絵、福音館書店、1993年
- 『かばくん』岸田衿子作、中谷千代子絵、福音館書店、1966年
- 『三びきのやぎのがらがらどん』（ノルウェー昔話）マーシャ・ブラウン絵、せたていじ訳、福音館書店、1965年
- 『かいじゅうたちのいるところ』モーリス・センダック作、神宮輝夫訳、冨山房、1975年

2．手遊び

　手遊びは保育の中で子どもにとって最も身近な遊びの一つであり、一日の保育の流れの中でも保育者はいろいろな場面で手遊びを行っている。例えば、朝の集まりのとき、絵本を読む前、子どもたちの気分を変えたいときなどに楽しめる遊びである。

　実習生が知っておくと役立つ技術の一つが「手遊び」であるが、その数は限りなくあり、どの手遊びをどの程度準備しておくとよいか、どれ

を選べばよいか迷うだろう。手遊びを子どもに教えることが目的ではないのは言うまでもない。大切なのは、子どもといっしょに楽しむことである。また、手遊びを通して子どもたちが「リズミカルに楽しく表現してほしい」「イメージを豊かにしてほしい」「工夫してほしい」と思いながら新しい手遊びをいっしょに作り出していくこともできる。例えば、リズムや速さを変化させたり、新しい言葉や振りつけを創造して表現したり、どのような場所でも場面でも手軽に楽しめると同時に、いろいろな展開ができるおもしろさがある。

　手遊びは同じものでも、園や保育者によってメロディや遊び方が違っていたりすることがあるが、その場合は、園のやり方に合わせるようにする。新しい手遊びを子どもとする場合は、何回か繰り返してゆっくりと行ったり、子どもが取り入れやすい方法を工夫したりすることが大切である。どんな場面でも自信を持って子どもの前に立つためには、実習前に友達といっしょに練習しておく必要がある。

　手遊びをするときのポイントとしては、①子どもの興味や発達に合ったもの、②メロディ、歌詞、振りをしっかり覚えること、③笑顔で楽しそうに行うこと、④子どもの前では言葉をはっきりと、振りも大きくすること、⑤子どもの様子を見ながら行うことなどが挙げられる。

　しかし「手遊び」のレパートリーをたくさん身につけることだけではなく、子どもたちといっしょに「手遊び」の活動を思いきり楽しみたい。きっと保育の楽しさが実感できるはずである。

第3節　さまざまな実技の習得

　前述の絵本や手遊びのほかに、限られた実習期間内で充実した実習を行うためにはピアノ（キーボード）、歌、紙芝居、素話、パネルシアター、

エプロンシアター、ペープサートなど、年齢やクラスに合った活動や遊びを研究しておき、実践させてもらい保育技術を高める経験をさせてもらうとよい。保育実技は、得意か得意でないかということではなく、子どもたちにとってその活動が必要な経験かどうかという点を考慮しながら、実習園の指導担当者と相談しながら、実習生自身の特技を発揮させてもらうとよい。

　しかし、実際にこれらの実技を実践させてもらうためには、実習前の事前の準備を十分にしておかなければならないことは言うまでもない。ピアノ（キーボード等）であれば、弾いたり、弾き歌いをする実践に向けて、毎日コツコツと練習を積み上げて弾けるようにしておくべきである。保育では、子どもたちの様子を見ながら弾く、いっしょに歌いながら弾くことが求められるので、事前の十分な練習が欠かせないが、実際にどのような曲を実践することになるのかについては、実習園でのオリエンテーションで必ず確認しておき、できれば楽譜のコピーをもらって、実習開始までに練習を積んでおこう。

　保育教材のパネルシアターやエプロンシアター、ペープサートなど製作に時間がかかるものは、実習までにできるだけ準備をしておき、友達どうしで発表し合うなどして、話の進め方、教材の出し方などを研究しておくことが大切である。

　パネルシアターは児童文化研究家の古宇田亮順によって考案されたものである。毛羽立ちのいい布を貼ったパネルボードに不織布（Pペーパー）で作った絵人形を貼ったり動かしたりしながら、話や歌を構成していく表現活動（方法）である。パネルボード上で絵人形が簡単に貼られたり動いたり、回転したり、裏返ったりと瞬間的に場面展開する様子は子どもたちにとって不思議であり、魅力的な保育教材である。また、保育者が常に表に出て演じるという特徴があり、子どもたちの表情や反応を見ながら進めることができるので、感動や楽しい雰囲気をいっしょに味わうことができる。手作りした作品は温かさや新鮮さがあるととも

に、演じる練習を積むことで自分自身の表現力、話術、意欲も高まり、実習に対する不安も軽減できるはずである。

　保育者自身が子どもに向き合い、子どもの年齢、興味・関心、季節感、発達過程など子どもの生活全体を視野に入れて遊びや活動を計画し実践するのであるから、保育者の人間性や個性が子どもに多くの影響を与えることになる。実習では予想どおりにいかないことも多く「失敗」と思うことがあるが、全てが学習であり、何でもやらせてもらう、実習園の先生方から吸収する、指導・助言を謙虚に受け止め次に生かすなど、積極的な姿勢が大切である。

第4節　児童福祉施設での援助の姿勢

　保育所では保育活動の中心は保育士であるが、児童福祉施設の場合は施設の種類や内容によって支援の仕方は大きく異なる。乳児院では乳幼児が、児童養護施設では幼児から高校生まで、知的障害児施設では児童から成人までが生活している。つまり、年齢や利用者の社会経験に応じた支援の仕方が必要である。また施設では、福祉関係や医療関係の資格を有するスタッフ（児童指導員、児童支援員、看護師、心理士、医師、理学療法士（PT）、作業療法士（OT）、言語療法士（ST）、栄養士など）との役割分担、連携の必要性を理解し、そのチームワークを図ることも大切なことである。

　児童福祉施設利用者が、その施設での生活を通して自分らしく自立できるように適切な援助を行っていくことが、児童福祉施設の重要な役割である。児童福祉施設は集団生活の場であり、集団として画一的に扱ってしまう状況が生じやすい。しかし、施設利用者は一人ひとりの年齢・性別・性格・心身の発達・個性・能力などが異なり、さらにそれまでに

過ごしてきた生育歴、家庭的背景も違うので、それらを考慮しながら個別的理解に努めなければならない。当然、それぞれの入所背景や事情の違いに対処して、一人ひとりに合った関わり方が求められる。実習生は、施設職員の援助や関わり方を実際に丁寧に観察させてもらい、徐々に理解をしながら、自分も関わっていく積極性が求められる。実習前にはさまざまな社会福祉に関する知識を学んでいるはずであるが、実習では、その場に生活する利用者に直接接していかなければならないのである。人と人との出会いは共に生きることを前提としている。自分から働きかけることが求められる。ときには露骨に拒否され、やる気を失うこともあるかもしれないが、自分から積極的に働きかけ行動することで、信頼関係が生まれてくるのである。その場で生活している子どもたちを特別な者として見るのではなく、彼らとの出会いこそが、今まで見えなかった自分に気づくことができる絶好の機会なのである。

【引用・参考文献】

阿部恵・鈴木みゆき編著『教育・保育実習安心ガイド』(保育実践シリーズ)ひかりのくに、2005年

小野澤昇・田中利則編著『福祉施設実習ハンドブック』ミネルヴァ書房、2011年

中坪史典編著『児童文化がひらく豊かな保育実践』保育出版社、2009年

無藤隆・民秋言『ここが変わった！ NEW幼稚園教育要領・NEW保育所保育指針ガイドブック』フレーベル館、2008年

第13章 実習中の子どもとの関わり

金元あゆみ

第1節　子どもの実態に応じた関わりや援助

　実習生は養成校において、保育に関するさまざまな知識や技術を学んでいる。ところが、実際の保育の中では、それらがうまく生かされず戸惑う実習生が多い。
　この節では、子どもの実態を把握するために大切なことは何か、子どもの実態に応じた関わりや援助における配慮点について述べていく。

1. 子どもと関わる前に

　「何も知らない」状態で実習に行くことはたいへん危険である。実際に子どもと関わる前に前章を踏まえ、以下のことは復習しておきたい。

(1) 子どもの発達の特性や発達過程を理解する

　実習前に、大まかな発達の道筋や特性を理解しておくことは、子どもの実態を把握するための土台として欠かせないことである。例えば、「0歳児クラスに初めて入ったとき、子どもに泣かれてショックを受けた。嫌われてしまったと感じ、自信を失った」という実習生がいる。0歳児の「人見知り」を学んでいれば、「嫌われたから泣かれたのではなく、これは0歳児の発達の姿なのだ」と捉えることができる。むしろ、「こんなに小さいのに、知っている人と知らない人の区別ができるなんてすばらしい」と、この現象に感動を覚えるだろう。養成校で学んだことと目の前の子どもの姿がつながると、心に余裕を持って子どもの姿を受け止め、子どもの本当の気持ちに思いをはせることができる。

(2) 生活や遊びにおける保育の知識や技術を磨く

　実習後に実習生から「事前にもっと保育の知識や技術を磨いておけば

よかった」という話をよく聞く。

　保育の知識や技術は、自らの「保育の引き出し」に蓄えておくことが大切である。子どもの実態に応じて、どの引き出しを開けるか、引き出しから出したものをどう使うか、実習中に実践を通して学びたい。

　もちろん、事前に準備や練習をしておいても、実際の子どもを前にすると、緊張してうまくいかないものである。保育の知識や技術は、実習中に保育者の実践を観察したり助言を受けたりしながら、また、関わりに対する子どもの反応を確かめながら磨かれ、生きたものとなっていく。初めから引き出しの中身が空であれば、子どもの実態が捉えられたとしても、それに応じた関わりや援助にはつながらないであろう。

2．子どもの実態を把握する

　実際に実習を行うと、既習の学びと実際の子どもの姿に違いを感じることがあるだろう。例えば、同じ2歳児に同じように対応してもうまくいかなかったり、実習前に4歳児向けの遊びを用意しても、実習先の4歳児には適していなかったりする。同じ年齢であっても、それまでの経験や養育環境、人間関係などによって、子どもの個性や発達の姿、興味や関心といった実態は、一人ひとり異なるものである。実際に子どもと関わる際には、既習の理論を土台として、目の前にいる子どもを観察し、実態を把握しなければならない。

(1) 実際の子どもの個性や発達の姿を理解する

　実際に子どもと接すると、以下のような子どもの個性や発達の個人差に気づくであろう。
- ・積極的に自分の思いを主張できる子どもと、そうでない子どもがいる。
- ・気持ちの切り替えや行動が速い子どもと、時間のかかる子どもがいる。
- ・0歳児の落ち着く抱き方が、子どもによって異なる。
- ・衣類の着脱については、一人でできる子ども、助言をすればできる

子ども、大人の手伝いが必要な子どもがいる。

実習生は、観察や子どもとのやり取りを通して、子どもの個性や発達の姿を把握するよう努める。そこから、個々の子どもに必要な援助について考えていく。必要な援助について「どこまで援助していいのか分からない」と悩む場合は、保育者の関わりを観察したり質問したりしながら理解を深めていくようにする。

(2) 子どもの生活や遊びを理解する

保育所での生活に参加しながら、子どもが一日をどのように過ごしているか、生活の流れを把握するよう努める。その中で、個々の生活リズム、生活の中で取り組んでいること、周囲の環境との関わり方などを理解しよう。

また、どのような遊びを楽しんでいるか、遊びの内容や遊び方の違いを観察する。子どもが何に関心を寄せ、何を使って遊んでいるのか、子ども一人ひとりの好きなこと・苦手なこと・挑戦しようとしていることは何か、友達や保育者との相互の関わりなどについて、観察したり遊びに参加したりしながら見つけていく。

(3) 子どもの内面を理解する

今、目の前にいる子どもが何に取り組んでいるかを見つめ、そこで何を楽しんでいるか、あるいは困っているのか、何をしようとしているのかなどの内面について、表情やしぐさ、つぶやきなどから推察する。その際、保育者が子どもの実態をどう捉えているかについて質問し、参考にするとよいだろう。子どもの心情は、一日の中でもさまざまに変化する。その時その時の子どもの機嫌や言動などから、その変化を感じ取りたい。

(4) 理論に子どもを当てはめない

　既習の理論に子どもを当てはめ、理論に合うかどうかといった単なる評価者にならないよう注意したい。理論はあくまで子ども理解の手段として生かすようにする。実際に目の前にいる一人ひとりの子どもに今育っているものは何か、これから育とうとしているものは何かを捉えていきたい。

3．実際に子どもと関わるうえでの配慮事項

　それでは、実際に子どもの実態に応じた関わりや援助を行ううえで、どのような配慮が必要になるのであろうか。具体的なエピソードを交えて述べていく。

(1) 子どもの気持ちをくみ取るうえでの配慮

〔事例1〕子どもの気持ちが分からない（3歳児）

　　なかなか心を開いてくれないAちゃんの気持ちを知ろうと、遊んでいるときに「何をしているの？」「これは何？」とたくさん質問をしました。しかし、何も答えずその場を離れてしまうので、Aちゃんが何を考えているのか分からないままでした。

　子どもの気持ちをくみ取ろうとすると、必要以上に過度な干渉をしてしまうことがある。事例1のように、子どもを知ろうとするばかりに、質問攻めにしてしまうことには注意したい。特に遊びに没頭しているときは、集中力の妨げになるので極力避けるようにする。
　子どもが目を輝かせて活動しているときは、静かに見守ることも必要である。後でその活動や作品について感想を伝えるようにしたい。警戒心の強い子どもに対しては、さりげなく隣で同じ遊びをするなど、場と思いを共有することから始める。徐々に、子どものつぶやきに応じたり、困っていることにヒントを与えたりしながら関わりを深めていく。

〔事例2〕これって気持ちに応じた援助？（4歳児）
　Bちゃんは、「私お絵かき上手じゃないから、先生代わりに描いて」など、自分のやりたくないことを代わりにやってほしいという要求をしてきます。子どもの思いに応えることは大切だと思いますが、言いなりでよいのでしょうか。

　事例2の場合、子どもの言動の背景を捉えようとせずに、子どもから求められるままに行動するだけでは問題である。要求に応える前に、Bちゃんが「やりたくない」のはなぜか、どういう要素が「苦手」なのか、考えるようにする。もしかしたら、Bちゃんの過去の経験から、失敗に対する恐怖心や苦手意識が生まれているのかもしれない。子どもの表面上の言葉だけではなく、根底にある気持ちに目を向けていきたい。それが、本当の意味での「思いに応える」ことにつながるだろう。

(2) 子どもの育ちに願いを持って関わる際の配慮
　保育者は、子どもの気持ちを理解し受け止めると同時に、子どもの育ちに対して願いを持つことが大切である。その際、大人の思いの押し付けにならないよう配慮する。子どもの思いを理解したうえで、大人の抱く願いが子どもの育ちにとってどのような意味があるのかを熟考し、必要に応じて調整していくことを大切にしたい。
　これらを念頭に置き、保育者の関わりの意図を考察したり質問したりしながら、子どもの育ちに対する願いの持ち方や伝え方を学んでいく。ときには、望ましくない子どもの行動に対して、注意や助言を行うことも必要となる。その際は、なぜ望ましくないかという理由や自らの思いを丁寧に伝えるようにする。

(3) 個別的な理解が必要な子どもへの配慮
　実習では、集団の動きに目が行きがちである。しかし、子どもの育ち

にある背景は一人ひとり異なることを忘れてはならない。子どもに対して、同じことを同じペースで一斉に行うことを求め、集団行動に遅れる子どもや参加しない子どもに対して「問題のある子」というレッテルを貼らないように留意したい。

　集団での活動を行う場面では、活動に対する個々の思いを見極めよう。集団を動かすことに気を取られるあまり、個の捉え方を誤らないよう気をつけたい。

　また、複雑な養育環境を背景に持つ子どもや、アレルギーや障害などの特性を持つ子どももいる。いずれにしても、その子の特性を理解し、一人ひとりに応じた対応が求められる。個々に対する必要な配慮について、そのつど保育者に確認しながら関わるようにする。

(4) 子どもの反応から見える自らの関わりの課題

　子どもの実態把握と実態に応じた関わりを行うためには、洞察する目が必要である。洞察する目は、子どもと生活や遊びを共にする中で、一人ひとりの子どものつぶやきや視線、しぐさや表情からその時々の子どもの気持ちをくみ取り、応答的な関わりを繰り返しながら、子どもの反応を確かめていくことで養われる。そこから、気づかなかった子どもの実態や自分の関わりの未熟さを発見することができる。発見した課題を今後の実践に生かしていこう。

第2節　3歳未満児との関わり

　前節で述べたことを基礎とし、この節では3歳未満児との関わりについて、大切にしたいことと気をつけたいことについて述べていく。

1. 0歳児との関わりについて

(1) 大切にしたいこと

　0歳児と関わるうえで大切にしたいことは、応答的な関わりを通して人との信頼関係を築けるよう援助することである。例えば、子どもが泣いたときに「オムツが濡れて気持ち悪いのか」「おなかがすいたのか」「抱っこしてほしいのか」など、そのつど思いをめぐらせて子どもの訴えに応えていく。

　実習生が援助を行う際は、個々の発達や生活リズムを保育者に確認しながら把握するとともに、基本的に一対一で心を通わせるような関わりを心がける。例えば、おむつ交換の際に、視線を合わせてほほえみかけ「気持ち良くなったね」など優しく語りかけたり、簡単な歌遊びなどを取り入れたスキンシップを図ったりするとよいだろう。

(2) 気をつけたいこと

　実習生は、子どもが泣いていると、泣きやませることに意を注いでしまう。「なぜ泣いているのか」「何を伝えようとしているのか」を考え、子どもが伝えたいであろう言葉を代弁して優しく語りかけてみよう。言葉で伝えられないからこそ、子どもの機嫌や健康状態、表情や視線をよく観察し、子どもの訴えのサインに気づけるよう努める。

　人見知りの強い子どもに対しては無理をしないようにし、まずは存在に慣れてもらうことから始めるようにする。子どもに「この人は安全だ」という認識が芽生えてから、近づいたり声をかけたりしよう。

　安全面や衛生面への配慮については、常に意識し注意する。子どもの目の高さになって、子どもに見えている世界を確認しよう。

2. 1〜2歳児との関わりについて

(1) 大切にしたいこと

　1〜2歳児の時期は、自我の芽生えを大切に育てていきたい。この頃は、「自分の！」「自分で！」と自己主張が激しくなるため、関わりにくさを感じるだろう。しかし、「〜したいのね」などと、子どもの気持ちを受け止めていく姿勢が大切である。ときに、自我と自我のぶつかり合いから他児とトラブルになることがある。他児との気持ちのぶつかり合いは、自分の思いを表現し他者の思いに気づいていくための貴重な機会である。大人がそれぞれの思いを代弁したり関わり方を伝えたりして仲立ちをしていく。

　また、達成感や満足感を味わえるような援助も心がけたい。子どもの「自分でやりたい」気持ちを尊重し、達成できるよう援助して、できたときは十分に認めていくようにする。

　自分でやろうとすることが増える時期ではあるが、子どもの心は自立と依存の間で揺れ動いている。子どもの甘えは十分に受け入れ、その時々の子どもの思いにつきあっていきたい。

(2) 気をつけたいこと

　実習生は、子どもの困っている姿を見ると、すぐに手を出してしまいたくなる。大人が手伝ったほうが早いため、子どものやり方にもどかしさを感じることもあるだろう。待ったり、見守ったり、それでもうまくいかないときはさりげなく援助したり、さまざまな援助を工夫したい。

　心身の発達に伴って行動範囲が広がり、探索意欲が増してくるこの時期の子どもは、思いがけない危険な行動をすることがある。実習生は、自らの位置に気を配り、視野を広く持つよう注意する。

第3節　3歳以上児との関わり

　この節では、3歳以上児との関わりについて、大切にしたいことと、関わりの注意点について述べていく。

1．3歳児との関わりについて

(1) 大切にしたいこと

　3歳児になると、まだ自己主張の強さは見られるものの、他者の思いに気づいて自分の気持ちに折り合いをつけようとする姿も見られるようになる。他児を意識し同じ遊びを楽しむようになるので、他児の遊びに気づいたり、同じ遊びをじっくりと楽しめたりするような環境の工夫や関わりを大切にしたい。例えば、遊びを共にしながら「Aちゃん見て。Bちゃんのお山、大きいね」などと他児の遊びに気づけるような声かけをし、子どもどうしをつないでいく。この頃の子どもは「いっしょが楽しい」時期でもあるので、人気のある玩具は多めに用意するとよいだろう。

(2) 気をつけたいこと

　他児と同じ遊びを楽しむ反面、物の取り合いなどのトラブルも増えてくる。そのような子どもどうしのけんかに対し、どちらが正しいか決着をつけようとする実習生が多い。大人が判断を下すことは簡単だが、子どもは、困ったことはいつも大人が解決してくれると思うだろう。裁判官としてではなく、それぞれの子どもの言い分に耳を傾け、気持ちを受け止めていく理解者として関わりたい。

　また、生活や遊びの中で発見したことを不思議に感じ「なぜ？」「どうして？」という質問が多くなってくる。実習生は子どもの「なぜ？」

に対して、「正解」を答えなければならないと悩むことが多い。しかし、問いにつきあうことも大切である。不思議さに共感し、「どうしてだろうね」といっしょに考えたり、正解ではなくても「こうだったらすてきだね」と思うことを答えてみたり、柔軟な心で対応したい。

2．4〜5歳児との関わりについて

(1) 大切にしたいこと

　子どもの主体性を大切にすることは、年齢にかかわらず大切なことである。この時期は特に、主体的な遊びをいかに充実させていくかを大切にしたい。そのための援助は、心が動かされるような環境作りから始まる。それは、華美な装飾や過剰に物があふれた、非日常的な環境を用意することではない。あくまで日常的な生活環境の中で、子どもの想像力が刺激され、創意工夫が生まれるよう配慮したい。

　また、5歳頃になると、友達と同じ目標に向けて協力して遊ぶ姿が見られるようになる。子どもが主体的に環境に関わり、イメージを表現しようとしているときは、そのイメージを他児と共有し協力しながら展開していけるような援助を大切にする。遊びの中で困ったことが出てきた場合は、「どうしたらいいと思う？」と他の子どもに問いかけるなど、子どもどうしで考えることを大切にしたい。

(2) 気をつけたいこと

　実習生は、部分実習や全日実習において、子どもの心の動きを見落とし、指導案どおり進めることに集中してしまうことがある。「今日は○○を作ります」「これから○○して遊びます」と遊びに対して指示ばかり出し、子どもの反応を無視しないように気をつけたい。大人の指示によって子どもの主体性を欠いた時点で、それは遊びではなくなってしまうことに注意したい。その遊びに対する子どもの興味や関心が育っているかどうか見極め、「やってみたい」という気持ちが芽生えるような誘

いかけを工夫する。

　また、この時期は、言葉でのコミュニケーションが中心となってくる。表面的な発言だけで「子どもを理解した」つもりにならないよう注意したい。そのためにも、表情やしぐさなどの非言語的なサインを見逃さないようにする。特に、自分を主張できる子どもにばかり目を向け、消極的な子どもへの配慮を忘れてしまうことがないようにしたい。

　さらに、この時期になると、表現にも個性が生まれ、得意なことや苦手なことが出てくる。実習生は、子どもへの「上手」という声かけに注意したい。他児と比べ「私は上手じゃない」と苦手意識を持つ子どもがいるかもしれない。「うまくできること」ではなく、それぞれの表現の個性の良さ、すてきなところを具体的に褒めるようにしよう。

【引用・参考文献】
　厚生労働省『保育所保育指針解説書』フレーベル館、2008年
　乳児保育研究会編『乳児の保育新時代』ひとなる書房、2010年
　森上史朗・吉村真理子・高杉自子編『園の運営クラスの経営』(保育講座)ミネルヴァ書房、1990年
　守永英子・保育を考える会『保育の中のちいさなこと大切なこと』フレーベル館、2001年

第14章

実習後の振り返り

宍戸 良子

第1節　実習の振り返りのポイント

1．振り返ることの意味

　保育実践を振り返ることの意味に関して、保育所保育指針（第4章の2(1)ア）には、次のような記載がある。

　　保育士等は、保育の計画や保育の記録を通して、自らの保育実践を振り返り、自己評価することを通して、その専門性の向上や保育実践の改善に努めなければならない。

　また、厚生労働省『保育所保育指針解説書』には、保育は計画、実践、省察、評価、改善、計画という循環を重ねながら展開すると示されている。このように、保育現場では日々保育の質的向上を目指し、P（Plan：計画する）→D（Do：実践する）→C（Check：評価する）→A（Action：改善する）というサイクルの中で、保育の過程全体を見直し、改善しながら保育実践を進め、子どもの最善の利益を保障し、その責任を果たすことが求められている。

　厚生労働省の「保育所における自己評価ガイドライン」（2009年3月）にも、PDCAの循環の継続が重要であり、これらの連動の中で保育の質と職員の協働性が高められていくことが示されている。

　こういった保育実践の振り返りの重要性は、保育士に限ったことではない。文部科学省『幼稚園教育要領解説』にも同様に、「幼稚園における指導は、幼児理解に基づく指導計画の作成、環境の構成と活動の展開、幼児の活動に沿った必要な援助、反省や評価に基づいた新たな指導計画の作成といった循環の中で行われるものである」と記載されており、保

育者として子ども一人ひとりのよりよい育ちを保障する保育実践を展開していくうえで、振り返りは欠かせないものであることが見えてくる。

このように、丁寧に振り返ることで、次のステップへとつながり、保育者としての心構えが構築されていくPDCAサイクルは、実習においても重要な学びの過程である。

では具体的に、振り返る際には何に着目し、どのように振り返りを進めていくことが有効か、次項で見ていくことにしよう。

2. 振り返りの視点

振り返る際には、何を振り返るのかという視点が重要となる。保育所における実習を例として考えてみよう。まず、誰に着目するかという点では、次の観点が挙げられる。
- ・実習生としての私
- ・子ども一人ひとりの姿
- ・保育士の姿
- ・子どもと保育士の姿
- ・子ども集団（子どもどうし）の姿
- ・職員どうしの姿
- ・保護者と保育士の姿
- ・子どもと保護者の姿
- ・保護者どうしの姿

「実習生としての私」に関する振り返りでは、社会人として基本的な実習態度（礼儀、挨拶、言葉遣い、服装、自己の健康管理等）、意欲・積極性、責任感、探究心、協調性等はどのようであったかという視点が含まれる。また、上記に示した対象のほかに、実習生の私と子ども間、私－保育士間、私－保護者間におけるエピソードも、振り返る際の重要な切り口となりうる。

次に、保育士としての専門性や資質の面では、以下のような視点から

振り返りを行い、学びを深めてほしい。
　・保育所の役割や機能
　・保育所の一日の流れ
　・観察や記録による子ども理解
　・子どもの発達過程と個々の状態に応じた援助や関わり
　・保育の計画に基づく保育内容
　・保育内容や保育環境の意図や配慮
　・子どもの健康管理、安全対策
　・保護者や地域社会との連携
　・保育課程に基づく指導計画の作成、実践、省察、評価
　・保育士の役割と職業倫理
　・職員間の役割分担やチームワーク
　・自己の課題

　このような観点を基に、さまざまな角度から自分自身の実習を振り返ることで、保育中には気づくことができなかった乳幼児の発達の理解や保育士の援助や関わりのあり方といったミクロな視点と、保育所の役割や機能、地域とのつながりといったマクロな視点から、総合的に学びを深めることができるのである。

3．振り返りをどのように進めるか

　実習中は初めて体験することが多く、感動と戸惑いの連続であり、黙々と一日一日を過ごし、あっという間に最終日を迎えることであろう。こういった実習中の体験は、実習後にもう一度改めて振り返ることで、体験からの学びが明らかとなり、次に生かせるものとなる。この振り返りの過程において、エピソードを他者に語ることは、経験を共有し、多様な解釈・理解の深まりをもたらし、自己の課題を明確にすることへとつながっていく。

　秋田喜代美は、学びを深めていくうえで重要となる、保障されるべき

図表1　サークルトークの進め方の例

話し合いの方法
① お互いの顔が見え、声が届く人数で円を作り、座る（5人～10人程度）。 ② 手のひら大の新聞紙ボールを1つ用意する。 ③ 新聞紙ボールを手にした人が、テーマに沿ってエピソードを話す（1～2分程度）。 ④ 話を聞き終えたら、皆で拍手をする。 ⑤ 話し手は新聞紙ボールを自由に投げ、それを受け取った人は再びテーマに沿ってエピソードを話す。 ⑥ ③～⑤を繰り返し行い、1つのテーマに関して話が収束に向かう頃、次のテーマを定め、再び実施する。
話し合いのテーマ
・実習で驚いたこと／新たな発見・実習で感動したこと ・実習で困ったこと－その場での対応－保育者からの指導内容 ・実習で悩んだこと－その場での対応－保育者からの指導内容 ・次の実習までに準備したいこと／自分の課題

（筆者作成）

5つのキーワードを示している［秋田、2010］。

・参加の保障

・対話の保障

・共有の保障

・多様性の保障

・探究の保障

　つまり、相手の存在を認め、学びを共有するために、傾聴し、対応や考えの多様性を尊重しながら、さまざまな観点から物事への理解を深めていく姿勢が大切となるのである。

　図表1は、保育実習Ⅰを終えた学生たちの振り返り方法の一例である。簡単なルールがあることで一体感をもって和やかに振り返りを進めていくことができる。また、語り手と聞き手が明確であり、ポイントを絞ってエピソードを共有することができて効果的であるため、振り返りの導入として、ぜひ実践してみよう。

第2節　自己の課題の明確化

1. ガイドラインが示す自己評価の方法

　実際に実習を行い、振り返りの中で実習の目的・意義（第2章参照）への立ち返りとともに自己の課題を明確にしていくことは、保育士としての専門性を高めていくうえで欠かせない第一歩である。

　前掲の「保育所における自己評価ガイドライン」には、自己評価を具体的に展開していくための方法として、以下の3つを例示している。

　　A：保育士等の個々の実践の振り返りを最大限に生かす方法
　　B：日誌やビデオ等の記録を基に多様な視点から振り返る方法
　　C：既存の評価項目等を利用して振り返る方法

　Aの方法は、保育士等が無意識に蓄積している保育経験を積極的に言語化する機会を設け、共有することによる効果を期待するものである。Bの方法は、身近な記録を基に共通のイメージを持って経験や視点を交し合い、客観的に考察を深めていくものである。Cの方法は、吟味された評価項目に沿って自身の保育実践を振り返り、記述したものを基に話し合い等を通して、保育所としての自己評価を行っていくものである。実習後の振り返りにおいても、実情に合わせて振り返り方法を模索しながら、効果的な自己評価を進めてほしい。

2. 振り返りの実際

　実習直後には鮮明だった実習中の記憶も、時がたつと事実関係や学びの内容が不明瞭になることも少なくない。そのようなとき、振り返りに有効となるものが実習の記録である（日誌・記録の意義と記入の実際に関しては、第9章を参照されたい）。

実習の記録には、実習期間のさまざまな体験を通しての学びがつづられ、保育者からの指導やコメントは感慨深いものであろう。実習を終えてほっとした時、再び実習の記録を広げ、悩んだことやハッとしたこと、子どもの行動の意味や保育士の働きかけ、環境構成に関する配慮事項等を振り返ることは、実習そのもの同様に重要な学びの時間となる。
　前項Bの自己評価の方法を活用し、実際に実習中に見られた子どものエピソード（事例1）を基に、考察を深めてみよう。

〔事例1〕製作コーナーで他児を見つめるゆいちゃん
　　朝の自由遊びの時間に、4歳児クラスの子どもたちは、教室の真ん中の製作コーナーでさまざまな箱を組み合わせてつなぎとめながら、思い思いのものを製作している。ゆいは、製作している友達の傍らで、製作コーナーの机に両手をついて、身を乗り出して足をぴょんぴょんさせ、その友達の様子をほほえみながら眺めている。観察者が「やる？（ゆいちゃんも作ってみる？）」と声をかけると、ゆいは「ううん……ママ捨てるんだもん」とぽそりと答え、首を横に振る。観察者が「そっか……なんでかな？」と言うと、ゆいは「……わかんない」と笑顔で答え、また他児が作る製作物を見て、にこっと他児にほほえみかけている。

　この事例1を基に、〈子どもの気持ち〉、〈保護者の気持ち〉への解釈を試み、その後「もし自分が保育士だったら、この後どう対応するか」について考察してみよう。実際に実習を終えた学生たちが話し合いをすると、**図表2**に示すような解釈が挙げられた。
　本当は製作したいが、ゆいちゃんにとって大好きな母親の存在が大きく、我慢しているという意見が多数を占めた。子どもの気持ちを考えると、「なんだかせつなくなってきた……」という感想が挙がった。一方、保護者の気持ちを考えてみると、「製作物に価値を見いだせないのではないか」「部屋の広さなどの現実的問題があって捨てるという行為に結

図表2　子ども理解と保護者理解

〈子どもの気持ち〉への解釈	〈保護者の気持ち〉への解釈
・一生懸命作っても、どうせママに捨てられるから作っても意味がない。 ・ママに見せて、褒めてもらいたかったのに捨てられて悲しい。 ・本当はいろんなものを作ってママにプレゼントしたいけれど、作ってもママは喜ばない。 ・ママに迷惑をかけてしまう。 ・せっかく作ったのにママはどうして捨ててしまうんだろう？　じゃまなのかな？　要らないのかな？　本当はすごく作りたいけれど、ママが要らないなら私も要らない。 ・ママがゴミだと思うようなものを作って嫌われたくないから作らない。 ・友達の作っているところを見て、作った気持ちになろう……。	・家に持ち帰っても遊ばなくなり、ゴミになってしまう。どんどん増えてきりがない。 ・子どもが上手に製作することに価値を置いている（結果志向なのかもしれない）。 ・最終的に捨てることになるから。清潔であることに価値を置いている。 ・作品展に出したものでもないし、じゃまになるから。捨ててもまた作ってくるでしょう。 ・絵ならまだしも、作ってきたものには価値を見いだせない。 ・ゆいちゃんの気持ちが分からない。 ・作ってきたものに対するゆいちゃんの思いがどんなものだか分からない。どうでもいい。

図表3　保育士の立場としての支援策

あなたは保育士としてどのように支援したいか
・連絡帳を活用して園での様子を伝え、「いっしょに見てあげてくださいね」と書く。 ・園でのゆいちゃんの製作の様子、こめられた思い等を伝え、「製作物に対して、会話をする時間を設けてみては」と伝える。 ・まずはお母さんが作品を捨てる理由を聞く。 ・「じゃあ、先生に作って見せてほしいな」と言葉かけをし、作ってくれたら良いところを見つけて褒める。また、「ママにも気持ちをこめて作ったということを伝えてみたら？」と提案してみる。お母さんにも遠回しに一生懸命ゆいちゃんが製作していたことを伝えるが、お母さんには直接なぜ捨てたかは聞かない。 ・お母さんに家での様子（作ったり、絵を描いたりするか）を尋ねてみる。 ・じゃまになるという保護者の気持ちを受け止めつつ、子どもの気持ちを伝える。

(図表2・3　筆者作成)

びついているのではないか」「上手に製作すること（結果）に価値を置いているのかもしれない」というように、さまざまな視点から客観的な意見が出された。

　また、このように挙がった多様な解釈による子ども理解、保護者理解を基に、保育士の立場として考えられる支援策として挙げられた内容を**図表3**に示す。支援策も実に多様であるが、どのように対応するにしても、子どもの気持ちにも保護者の気持ちにも共感し、寄り添おうとする

配慮が感じられる意見が多数を占めた。実際に本実践を行った学生からは、「最初は子どものことばかり考えて保護者のことを批判していたが、保護者の気持ちにも共感し、理解を深めていくことが大切だと感じた」という気づきが挙げられた。

3. 将来保育者になったときの心構え

　その場での対応や自分の解釈だけでは、その対応策もわずかであるが、前項2に示したように、複数で話し合いを行い、振り返る機会を設けることで、多様な解釈とともに対応のレパートリーが広がっていく。保育所保育指針（第7章の1（2））には、職員の資質向上に関する留意事項として、次のような記載がある。

　　　保育所全体の保育の質の向上を図るため、職員一人一人が、保育実践や研修などを通じて保育の専門性などを高めるとともに、保育実践や保育の内容に関する職員の共通理解を図り、協働性を高めていくこと。

　職員の姿勢として、協働性を高めていくことの大切さが述べられている。つまり、職員どうしの連携という同僚性のあり方が重要な鍵を握っていると言える。同僚性に関して秋田は、「教育に対する同じ展望をもち、その展望の実現に向かって各々が責任を引き受け合う関係のなかで生まれる信頼による同僚関係」であり、「相互に個人の持ち味を発揮し認め合う自律的な専門職関係のなかで創られる関係」であると述べている［秋田、2010］。「教育」を「保育」と読み替えても同様のことが言えるだろう。つまり、子ども理解を深める際は、ベテラン、新任などという経験年数を意識した階層関係ではなく、誰もが学びの専門家であるという対等な関係の中で子ども一人ひとりのエピソードを基に話し合いを行い、共同解釈を進めていくことにより、子どもの真意に一歩近づいていくことができるのである。

実際に話し合いを体験した学生からは、「実は、実習中に似たような場面に遭遇して困ったので、話し合いの中で出てきた対応策がとても参考になった」、「皆の意見を聞くと、考え方が広がる。友達だけど、よき相談者であり、よきアドバイザーであると感じた」という感想が挙げられた。

　短期間の振り返りを通して子ども理解を深め、明日への見通しを持ち、実践し、再び振り返るという一連の流れの中で、発見や驚きに出合うことは、保育のだいご味と言える。一つの事例からの学びは、そのほかの場面や他の子どもにも応用していくことが可能となっていく。保育は決して一人で行うものではない。同僚や保護者といった子どもを取り巻く人々のよりよい関係の中で、子どもたち一人ひとりの輝かしい育ちや学びの瞬間を見守っていきたいものである。

第3節　実習園との関わりを大切に

1. 養成校における教員との振り返りを生かして

　実習が終わった後は、前述した視点や方法を用いて振り返りを行うとともに、養成校の教員との個人面談等における指導および評価に、きちんと向き合うことが大切である。それらと自己評価との間に、ズレが生じている場合もある。例えば、自分自身では子どもたちへ的確な言葉かけができたと思っていたが、実際には、言葉かけの内容は十分吟味されていたものの、緊張していて声が小さく子どもたちに十分届いていなかったと指摘を受けることがある。また逆に、自己評価では子どもとの関わり方が難しくうまくできなかったと落ち込んでしまっていたが、現場の保育士からは子ども一人ひとりの思いに気づき、きちんと捉えるこ

とができていたという評価を受けることもある。

　このように、さまざまな角度からの振り返りを行うことにより、あらためて自分の良さを発見したり、今後の課題をより具体的に持ったりすることが可能となるのである。

　このような振り返りを生かし、実習後もお世話になった実習先との連絡を密にして、ボランティアなどを行うことができる機会があれば、積極的に参加していこう。

2．保育士としてのアイデンティティ

　ボランティア等で実習生が再び顔を出してくれることは、実習先の子どもたちにとってもたいへんうれしいことである。「先生、○○ができるようになったんだよ、見てて」「先生、また△△して遊ぼう」といった声に包まれることは、あらためて保育士という仕事の魅力を感じる瞬間に違いない。

　また、実習期間とは異なる時期・季節の保育所や施設の一日の流れを知ることは、貴重な経験となる。なぜならば、子どもたちの成長を実感するとともに、年間の計画の中で今繰り広げられている活動の意味などを、より広い視野で客観的に捉えることができる機会となるからである。こういった経験を重ねることで、将来保育士になったとき、具体的なイメージを持ちながら見通しを持って過ごしていくことが可能となる。

　今ここにある生活の中での子どもたちの感動体験や心の葛藤、喜びや驚き等を共有しながら、保育士としてのアイデンティティを確立していくきっかけになれば幸いである。

【引用・参考文献】
　秋田喜代美編『教師の言葉とコミュニケーション』教育開発研究所、2010年

秋田喜代美監修、松山益代『参加型園内研修のすすめ——学び合いの「場づくり」』ぎょうせい、2011年

大宮勇雄『保育の質を高める』ひとなる書房、2006年

小田豊・森眞理編『保育者論』光生館、2001年

神長美津子・天野珠路・岩立京子『「保育の質」を高める 園評価の実践ガイド』ぎょうせい、2011年

厚生労働省『保育所保育指針解説書』フレーベル館、2008年

厚生労働省「保育所における自己評価ガイドライン」2009年3月

D・ショーン（佐藤学・秋田喜代美訳）『専門家の知恵——反省的実践家は行為しながら考える』ゆるみ出版、2001年

林邦雄・谷田貝公昭監修、大沢裕・高橋弥生編著『保育者論』（保育者養成シリーズ）一藝社、2011年

第15章

認定こども園での実習

岸　優子

第1節　認定こども園の理念と現状

　認定こども園は、2006年10月、「就学前の子どもに関する教育、保育等の総合的な提供の推進に関する法律」（就学前保育等推進法）によって設置された新しい役割を担う保育制度である。子どもの視点に立って、「全ての子どもの最善の利益」を保障することを目指して、保育所機能と幼稚園機能とともに（幼保一体化）、家庭・地域の子育てを支援する機能を総合的に提供することを目的としている。

　この法律により、各都道府県が条例を制定し、既存の幼稚園、保育所等を認定こども園として認定するシステムが確立した。幼保連携推進室（文部科学省・厚生労働省）によれば、既存の幼稚園、保育所等が、次の2つの条件を備えれば、各都道府県によって、「認定こども園」として認定されることになるのである。

1. 認定こども園の2つの機能

①就学前の子ども全てに幼児教育・保育を提供する機能

　従来の幼稚園は、これまで満3歳児以上を受け入れて短時間（4時間を標準とする）の教育を施し、さらに保護者の希望があれば、個々の幼稚園の定める「預かり時間」の範囲内で「預かり保育」を行っていた。ところが、認定こども園になれば、0歳児以上の全ての就学前の乳幼児を受け入れて、3歳児未満については、従来の保育所と同様の職員配置基準で保育士資格保有者を配置することによって、長時間の保育を施すとともに、満3歳児以上についても、保護者の希望があれば、幼稚園設置基準に定められた開園時間内で「預かり保育」を行うのである。

　従来の保育所は、保育に欠ける乳幼児のみを受け入れてきた。ところが認定こども園になれば、保護者の就労の有無等にかかわらず、全ての

子どもを受け入れることとなり、3歳児以上については、可能な限り幼稚園教諭免許状を保有する保育士を学級担任として配置し、幼稚園と同一の教育を施す幼稚園機能を持つのである。

②地域における子育てを支援する機能

幼稚園・保育所の中には、従来から、在園児・入所児以外の地域の子育て家庭を対象に、子育て支援活動（未就園児の体験や子育て広場の開設など）を行っているものもあった。しかしながら認定こども園では、乳幼児の在園・入所の有無にかかわらず、地域の全ての子育て家庭を対象に、子育て不安に対応した相談を行ったり、親子の集いなどの場を提供したり、子育ての情報を提供したりして、子育て支援をするのである。

2．認定こども園の4つのタイプ

以上、2つの機能を持つ認定こども園には、地域の実情に応じて、次のような4つのタイプが認められることになる。ただし、既存の幼稚園と保育所が「認定こども園」の認定を受けても、国レベルでのそれぞれの位置づけを失うことはない。

①幼保連携型

認可幼稚園と認可保育所が連携し、幼稚園機能と保育所機能を一体的に発揮できるタイプ。従来の幼稚園と保育所が同一敷地内、隣接敷地あるいは合築施設内にある場合には、長時間保育児（入所児）と短時間保育児（幼稚園児）との交流や、保育室の移動がスムーズに行く場合が多い。しかし既存の幼稚園と保育所が距離的に離れている場合は、長時間保育児と短時間保育児をバスで送迎して、相互に交流させる必要も出てくる。しかし、保護者が登園施設を選択できる（長時間保育児を幼稚園に登園させたり、短時間保育児を保育所に登園させたりする）メリットもある。既存の保育所と幼稚園が、施設のハード面、保育のソフト面で相互に交流をしながら、認定こども園としての機能の共有化を図っている。

②幼稚園型

　認可幼稚園が、保育に欠ける子どものための保育時間を確保するなど、保育所的な機能を備えたタイプ。人的な面では、3歳未満児の保育に従事する者は保育士の資格を有しなければならないから、保育士資格を持つ職員を増員したり、幼稚園教諭が保育士資格を取得したりする。また、施設・設備面では、調理室を増築したり、場合によっては乳児室やほふく室を確保したりする。

③保育所型

　認可保育所が、保育に欠ける子ども以外の子どもも受け入れるなど、幼稚園的な機能を備えるタイプ。年齢別のクラス編成をして、学級担任を配置する必要があり、3歳児以上を担任する場合は、幼稚園教諭免許と保育士資格の両方を持っていることが望ましいとされているが、併有しない場合には、そのいずれかを有すればよい。

④地方裁量型

　従来から幼稚園・保育所として認可されていない教育・保育施設（例えば事業内保育所など）が、幼稚園機能と保育所機能を併せ持つタイプ。

　以上のタイプ別の内訳は、2012年4月1日現在、幼保連携型が486件と一番多く、幼稚園型273件、保育所型122件、地方裁量型30件となっている（ちなみに、認定件数の多い都道府県は、東京都74件、兵庫県72件、北海道49件、長崎県42件、神奈川県34件となっている）。政策的にも、理念・意義、教育・保育の質の維持・向上を図る観点から、「幼保連携型」へ集約していくことが望ましいと考えられているが、幼保連携型が最も多いのは、既存の認可幼稚園と認可保育所が、認定こども園として認可されるための2つの機能をあらかじめ満たしていることによって、容易に連携することができるからである。実際、2.7kmも離れた幼稚園と保育所が連携している場合もある。

　認定こども園は、当初、2011年度認定件数2000件という目標数値を設

定していたが、現時点で911件にとどまっており、さらなる普及促進が求められている。そのためには、待機児童の多寡などの地域の実情に応じて、都道府県が、認定こども園を志向する幼稚園や保育所に対し、認定の基準（収容定員など）の面で柔軟に対応していくことも必要となる。なお、幼稚園型が保育所型よりも多いのは、女性の社会進出や少子化に伴って待機児童が増える一方、幼稚園児が減少しているため、幼稚園が新たな生き残りの方途を模索しているからである。

　認定こども園は、幼稚園機能と保育所機能を併せ持つ新しい制度であるように見えるが、あくまでも、「幼稚園教育要領」（2008年）と「保育所保育指針」（2008年）に基づいて教育・保育を行うことが基本である。
　①子どもの最善の利益を重視すること。
　②乳幼児期に最もふさわしい生活の場を保障すること。
　③教育・保育の質の向上を目指すこと。
　④家庭や地域の子育て支援機能を評価し、強化すること。

第2節　認定こども園の保育と子育て支援事業

　認定こども園における子育て支援には、大きく分けて、従来の幼稚園と保育所がこれまで担ってきた保育と、新たに付加された地域の子育て支援の2つの機能がある。

1．在園児の保育

　認定こども園の「一日の流れ」と保育者の役割を知るために、埼玉県の「幼保連携型」認定こども園のG園の「ディリープログラム」（**図表1**）を見てみることにしよう。左欄が在園児の一日の流れを、幼稚園児と保育園児（3歳以上児/3歳未満児）に分けて示したもので、右欄が保育

図表1　G園のデイリープログラム（幼保連携型認定こども園）

	園児			保育者		
	幼稚園 3・4・5歳児	保育園 3歳以上児	保育園 3歳未満児	幼稚園 3・4・5歳児	保育園 3歳以上児	保育園 3歳未満児
7：30	預かり保育 （保育園と合同）	早朝時間外保育 合同保育・随時登園		時間外（早番）担当受け入れ開始		
8：00				園バス出発		
8：15				朝礼（受け入れ担当・遅番を除く）		
8：30	徒歩登園開始	随時登園 部屋入り口にて挨拶	随時登園 保護者が準備	幼保合同の3歳以上児担当を中心にコーナー担当開始 クロークコーナー・絵のコーナー・造形コーナー・ごっこのコーナー・表現コーナー・外遊びコーナー・自然のコーナー・クッキングコーナー （0・1・2歳児おやつ）		
8：40						
9：00	身支度終了後、絵のコーナーで1枚描く その後コーナー活動開始		コーナー活動			
10：00			おやつ 散歩			
10：40	食事前のグループでの集まり（3・4・5歳児）			食事前のグループでの集まり		散歩
11：15			ランチタイム	幼保混合で各グループ3～4名担当		食事準備
11：30	ランチルームで順番に食事 （食事は幼保いっしょで3グループに分かれる）					ランチタイム
12：15			午睡			午睡
	食後の休憩 午後の活動 預かり保育児は保育園に合流	順次午睡準備 午睡・休息	目覚めた子は静かに過ごす	午後の保育 帰りの集まり バス乗車 清掃	午睡 休憩 記録 コーナー片づけ コーナー清掃	休憩 記録 園庭片づけ・清掃
13：30	1バス降園 帰りの集まり 徒歩通園児降園					
14：00						
14：30	2バス降園	目覚め	目覚め			
15：00	保育園児・幼稚園預かり保育児合同			コーナー準備 休憩	午睡後片づけ・清掃	
15：30	着替え・片づけ・おやつ		おやつ		おやつ	
16：00	帰りの集まり		散歩			
16：30	順次降園・時間外保育開始		順次降園 時間外保育	時間外担当（遅番）活動開始 「一日の振り返り」幼保合同ミーティング 日程を決めて17：30～19：00にそれ以外の合同ミーティングを行う 【主な内容】 ・コーナー、年齢別指導計画について ・行事内容、役割分担について ・園児個別援助について		
17：00						
17：30	合同保育					
18：00						
18：30	延長保育					
19：00	降園					

出典：[全国認定こども園協会、2010] を基に作成

者の役割を、対象である幼稚園児と保育園児（3歳以上児/3歳未満児）に分けて示したものである。このプログラムは、次のことを示している。

①3歳未満児の保育園児については、保育所的な保育（養護と教育）が行われている。

②3歳以上児の保育園児については、随時登園の後、幼稚園児とともに（幼保一体で）、幼稚園的な保育（教育）活動を行い、食事前の集まりと食事（給食）を済ませてから、順次、午睡・休息し、着替え、片づけ、おやつを済ませたら降園する。なお、希望すれば時間外保育や延長保育を受けることもできる。

③幼稚園児については、定められた登園時刻の前に保護者の希望によって、保育園児と合同の「預かり保育」を受けることができる。定められた登園時刻の後は、3歳児以上の保育園児とともに（幼保一体で）幼稚園的な保育（教育）活動を行い、食事前の集まりと、保育所的な食事（給食）を済ませてから、休憩、午後の活動を行い、帰りの集まりを済ませて、バスで降園する。

④ただし、幼稚園児の場合、保護者の希望により、給食の後、「預かり保育」を受けることができる。その場合は、保育園児に合流して、午睡・休息し、着替え、片づけ、おやつを済ませてから、降園することになる。なお、希望すれば、時間外保育や延長保育も受けることができる。

⑤保育者の役割としては、基本的に、幼保合同の3歳以上児担当者と0、1、2歳児担当者、そして時間外担当とで「役割分担」をしているが、「幼保合同ミーティング」に見られるように、それぞれの保育者が、一日の振り返りや年齢別指導計画、園児個別援助等を話し合うなど密接な連携の下で、協力して在園児の保育に当たっている。

2. 地域の子育て支援

認定こども園には、特に、地域での子育て支援において中核的役割を

果たすことが求められている。このことは、2008年に告示された「幼稚園教育要領」第3章第2-2に、次のように反映されている。

2　幼稚園の運営に当たっては、子育ての支援のために保護者や地域の人々に機能や施設を開放して、園内体制の整備や関係機関との連携及び協力に配慮しつつ、幼児期の教育に関する相談に応じたり、情報を提供したり、幼児と保護者との登園を受け入れたり、保護者同士の交流の機会を提供したりするなど、地域における幼児期の教育のセンターとしての役割を果たすよう努めること。

また、同じく2008年に告示された「保育所保育指針」第6章3には、次のように具体的に例示している。

3　地域における子育て支援
(1) 保育所は、児童福祉法第48条の3の規定に基づき、その行う保育に支障がない限りにおいて、地域の実情や当該保育所の体制等を踏まえ、次に掲げるような地域の保護者等に対する子育て支援を積極的に行うように努めること。
　ア　地域の子育ての拠点としての機能
　(ア) 子育て家庭への保育所機能の開放（施設及び設備の開放、体験保育等
　(イ) 子育て等に関する相談や援助の実施
　(ウ) 子育て家庭の交流の場の提供及び交流の促進
　(エ) 地域の子育て支援に関する情報の提供
　イ　一時保育
(2) 市町村の支援を得て、地域の関係機関、団体等との積極的な連携及び協力を図るとともに、子育て支援に関わる地域の人材の積極的な活用を図るよう努めること。

図表2　C園の子育て支援計画

事業	内容
①子育て親子の交流の場の提供と交流の促進	1. 子育てサークル支援（ぴよサークル：支援センター主導型）活動内容 ・月1回（第2火曜）開催 10：00～11：30 ・保護者どうしでやってみたいことを相談し、自分たちで計画を立てて活動する。 2. 月齢・年齢別子育て相談（毎回10組程度） ・いちごクラブ　　　3カ月（首が据わった頃）～6カ月児 ・さくらんぼクラブ　6カ月～1歳未満児 ・りんごクラブ　　　1歳児 ・ぶどうクラブ　　　2歳児 ・メロンクラブ　　　3歳以上児 毎月1回各クラブ（第1、2、3、4木曜日）に開催 ※月齢に合わせた手作りおもちゃをいっしょに作ったり、おやつ作り、絵本の読み聞かせをする。
②子育て等に関する相談、援助の実施	1. 電話相談 　月～土（9：00～16：00） 2. 離乳食指導（ぱくぱくクラブ） ・生後5カ月以上の子どもとその保護者（誕生月まで）対象 ・月1回（第4木曜日）9：30～11：30（8組まで） ・栄養士による勉強会、月齢に応じた離乳食作りおよび試食 3. 在宅子育て家庭訪問（すてっぷ）月1回 ・しばらく参加のない家庭を訪問し、支援室だよりを届ける。
③地域の子育て関連情報提供	1. 当センターの情報を月に1度発信（支援室だより） 2. 子育て情報パンフ配付に向けて、各関係機関の連絡会開催
④子育ておよび子育て支援に関する講習等の実施	1. 子育て講座（ジャムジャムの会）および講演会の実施 ※子育て講座　午前の開催①託児なし、②託児あり 　　　　　　　夜の開催　③託児あり 　　　同じ内容で月に3回開催する。 ※講演会（年2回） 　　園の家庭教育学級と連動して案内する。
⑤地域支援活動の実施	1. 地域別出前支援（のびのび広場） ・東：A会館、北：B会館を会場にそれぞれ月に1回開催する。 2. 各健診会場での保育（読み聞かせ・遊びの提供）補助 ・健診（3～4カ月健診、7カ月健診、5歳児健康相談など）会場に同席し、保健師の補助的役割を果たしながら、必要に応じて地域の保育資源の情報を提供する。 3. 子育て支援のボランティアの受け入れ ・厚生保護女性の会から申し入れがあり、月に2回程度センターの活動補助のボランティア（1回ごとに数名）を受け入れるなど、地域との連携を図る。

出典：[全国認定こども園協会、2010] を基に作成

(3) 地域の要保護児童への対応など、地域の子どもをめぐる諸問題に対し、要保護児童対策地域協議会など関係機関等と連携、協力して取り組むよう努めること。

では、具体的に、どのような子育て支援が、在園児の家庭や地域の在宅子育て家庭に対して行われているのであろうか。秋田県の「幼保連携型」認定こども園であるC園の「子育て支援計画」(**図表2**) を見てみることにしよう。この計画の代表的な事業例は①～⑤である。

C園が特に工夫している点は、在園児の保護者で就労している人への支援をも可能にするため、併設する子育て支援センターの「子育て講

図表3　M園:「まなざしネット」のイメージ図

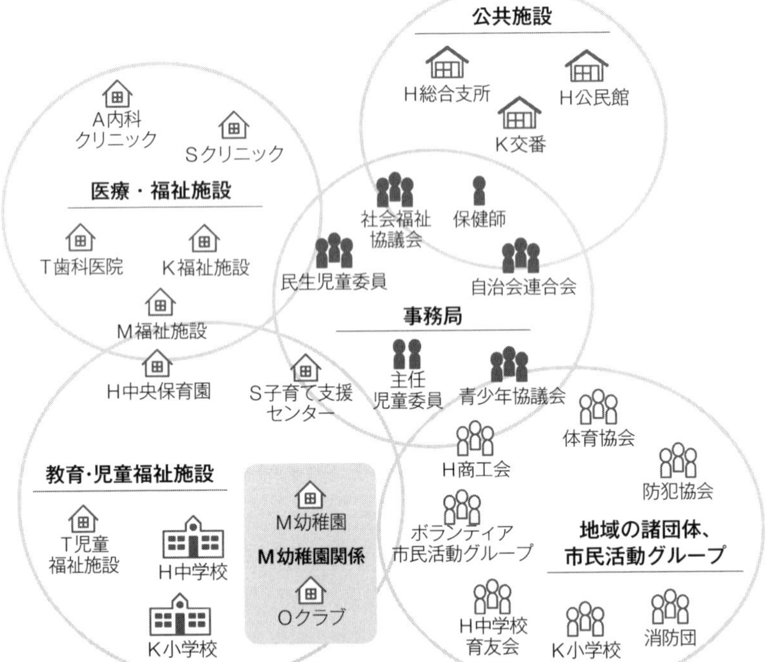

出典：[全国認定こども園協会、2010] を基に作成

座」に参加できるよう「夜の開催・託児あり」を設定していることである。子育て支援は、認定こども園の保育者の力だけで行われるものでなく、他の機関・施設の人たちの協力をもって初めて可能になるものである。例えば、熊本県の「幼稚園型」認定こども園のM園は、行政・関係機関と「まなざしネット」と呼ばれるネットワークを形成することによって、子育て支援を行っている（**図表3**）。このネットワークは、主任児童委員、民生児童委員、社会福祉協議会、保健師、自治会連合会、青少年協議会で構成された「子育て支援センター」事務局を中心に、医療・福祉施設、公共施設、地域の諸団体・市民活動グループ、教育・児童福祉施設が連携しているもので、M園は、教育・児童福祉施設の一部として、ネットワークの全体と関わっている。

第3節　認定こども園での実習の視点

　実習生は、実習園である認定こども園が、多様な生活背景を持つ乳幼児を集めて保育するとともに、子ども・保護者（親）・地域をつなぐネットワークの中核的役割を担う拠点として、子育て向上にいかに貢献しているのかを学ぶ必要がある。「認定こども園に関する国の指針」（2006年、文部科学省・厚生労働省告示）によると、「認定こども園に固有の事情として配慮すべき内容」として、次の4つの点が挙げられている。

1　当該認定こども園の利用を始めた年齢の相違により集団生活の経験年数が異なる子どもがいることに配慮する等、0歳から就学前までの一貫した教育及び保育を子どもの発達の連続性を考慮して展開していくこと。
2　子どもの一日の生活の連続性及びリズムの多様性に配慮するとともに、保護者の就労状況等の生活スタイルを反映した子どもの利用時間及び登

園日数の相違を踏まえ、一人一人の子どもの状況に応じ、教育及び保育の内容について工夫を行うこと。
3　共通利用時間において、幼児期の特性を踏まえ、環境を通して行う教育活動の充実を図ること。
4　保護者及び地域の子育て力を高める観点に立って子育て支援事業を実施すること。

このような認定こども園の特殊性を踏まえて、実習生が学ぶべき視点を挙げると、次のとおりになる。

①子ども一人ひとりの多様な状況に対応した保育内容と方法がどのように工夫されているか。集団生活の経験が異なることや、「育ち」の背景の違いを踏まえて、どの保育者が、短時間保育児と長時間保育児の一日の保育として何をすることによって、全ての子どもに質の高い教育を保証するシステムを構築しているかを理解する。
②幼稚園教諭と保育士の相互理解がどのように行われているか。保育者としてのチームワーク、職員の配置、勤務形態の工夫等、認定こども園に固有の保育のしくみを理解する。
③保育者の資質を向上させるために、どのように教材準備の時間を確保したり、内外での研修機会を確保したりしているかを理解する。
④認定こども園から小・中学校への教育の接続を見通して、子どもの発達や学びの連続性をどのように担保しているのかを把握する。
⑤職員間でどのような役割分担をして、子育て支援体制を組織しているのかを理解する。
⑥子育て支援機能の拠点として、どのような生活支援・家庭教育支援が展開されているか。組織として支援計画をコーディネートする運営上の工夫や役割分担を理解する。
⑦どのような社会資源を使い、どのような関係機関と連携し、子育て支援機能を構築しているか。他機関・他職種の専門家との連携・協

働というソーシャルワーク的な機能を見落とさないようにする。

第4節　認定こども園の課題

　認定こども園は、待機児童の問題を解消し、誰もが自由に入所し、利用することのできる、質の高い保育・教育機関として構想されたものである。多様な保育ニーズに対応するために、「子ども・子育て新システム」を中心として、現行の認定こども園は今後、質の確保された保育を量的に拡大し、さらなる幼保一体化を推進していくことが志向されている。

　子育て支援の中心課題は、親を育て、親が元気になることで、子どもの「育ち」を保障していくこと、つまり、子どもの健やかな発達を支える保護者（親）との関係を構築することにある。

　最後に、これからの子育て支援の方向を、実態調査の結果に基づいて導いている原田正文の「子育て支援の9つの課題とその特徴」を挙げておこう。

①「子育て」という日常的な営みへの支援
②特定の対象ではなく、全ての親子が対象
③育児不安や子ども虐待など、心理・社会的な課題への支援
④子どもの心を育て、思春期の諸課題を解決するための支援
⑤親が親として育つための支援
⑥親の人生そのものへの支援
⑦親と親をつなぎ、親どうしのネットワークづくりへの支援
⑧地域の教育力・問題解決能力を高めること
⑨子育てしやすいまちや社会をつくること　　　　　　［原田、2006］

　これからの子育て支援の課題は、親支援を中心としたネットワークづ

くりによって、全ての子育て家庭（の親）の支援を行うことである。中でも、孤立、ひとり親、若年親、経済的貧困等により、子育て不安・困難等を抱えるリスクの高い親に対応できる相談活動や交流の場の提供を保障することは、児童虐待を未然に防ぐために、というよりも子どもたちの健やかな成長・発達を支えるために、緊急の課題である。

　実習生は、子育て支援のさまざまな事例を実際に体験して、子育ては、決して親が一人でがんばってできるものではなく、「子どもは社会で育てる」という国の理念を明確に理解することである。そのうえで、認定こども園が、地域で最も身近な子ども・子育て支援機関として、全ての子育て家庭に期待・信頼されるために何をしているかを理解し、さらに今後、何をすべきであるかを考えることの意義は極めて大きい。

【引用・参考文献】
　全国認定こども園協会編『はじめの一歩──認定こども園の具体的な諸事例にみる園運営に関する調査研究報告書』2010年
　原田正文『子育ての変貌と次世代育成支援──兵庫レポートにみる子育て現場と子ども虐待予防』名古屋大学出版会、2006年
　文部科学省・厚生労働省・幼保連携推進室「認定こども園」ホームページ（http://www.youho.go.jp/）

【監修者紹介】

林 邦雄（はやし・くにお）
　　元静岡大学教育学部教授、元目白大学人文学部教授
　　[**主な著書**]『図解子ども事典』（監修、一藝社、2004年）、『障がい児の育つこころ・育てるこころ』（一藝社、2006年）ほか多数

谷田貝 公昭（やたがい・まさあき）
　　目白大学名誉教授
　　[**主な著書**]『新・保育内容シリーズ［全6巻］』（監修、一藝社、2010年）、『子ども学講座［全5巻］』（監修、一藝社、2010年）ほか多数

【編著者紹介】

高橋 弥生（たかはし・やよい）［第1章］
　　目白大学人間学部教授
　　[**主な著書**]『データでみる幼児の基本的生活習慣〔第2版〕』（共著、一藝社、2006年）、『生活の自立Hand Book ——排せつ・食事・睡眠・着脱・清潔』（共著、学習研究社、2009年）ほか多数

小野 友紀（おの・ゆき）［第4章］
　　目白大学人間学部専任講師
　　[**主な著書**]『授乳離乳の支援ガイドにそった離乳食』（芽ばえ社、2008年）、『発育期の子どもの食生活と栄養』（共著、学建書院、2011年）ほか多数

【執筆者紹介】

(五十音順、[ ]内は担当章)

五十嵐 淳子（いがらし・じゅんこ）[第5章]
　帝京短期大学講師

井藤 元（いとう・げん）[第7章]
　大阪成蹊大学教育学部専任講師

小口 将典（おぐち・まさのり）[第6章]
　関西福祉科学大学社会福祉学部専任講師

金元 あゆみ（かなもと・あゆみ）[第13章]
　相模女子大学学芸学部講師

川﨑 愛（かわさき・あい）[第8章]
　流通経済大学社会学部准教授

岸 優子（きし・ゆうこ）[第15章]
　奈良女子大学文学部非常勤講師

工藤 真由美（くどう・まゆみ）[第11章]
　四條畷学園短期大学教授

宍戸 良子（ししど・りょうこ）[第14章]
　大阪国際大学短期大学部講師

鈴木 えり子（すずき・えりこ）[第12章]
　華頂短期大学准教授

田中 卓也（たなか・たくや）[第2章]
　共栄大学教育学部准教授

富岡 麻由子（とみおか・まゆこ）［第9章］
　帝京科学大学子ども学部講師

原子 はるみ（はらこ・はるみ）［第10章］
　函館短期大学准教授

船田 鈴子（ふなだ・れいこ）［第5章］
　愛国学園保育専門学校副校長

和田 美香（わだ・みか）［第3章］
　聖心女子専門学校専任教員

保育者養成シリーズ
保育実習

2012年8月10日　初版第1刷発行
2015年3月10日　初版第2刷発行

監修者　林 邦雄・谷田貝 公昭
編著者　高橋 弥生・小野 友紀
発行者　菊池 公男

発行所　株式会社 一藝社
〒160-0014　東京都新宿区内藤町1-6
Tel. 03-5312-8890　Fax. 03-5312-8895
E-mail : info@ichigeisha.co.jp
HP : http://www.ichigeisha.co.jp
振替　東京 00180-5-350802
印刷・製本　シナノ書籍印刷株式会社

©Kunio Hayashi, Masaaki Yatagai 2012 Printed in Japan
ISBN 978-4-86359-046-5 C3037
乱丁・落丁本はお取り替えいたします

一藝社の本

保育者養成シリーズ
林 邦雄・谷田貝公昭◆監修

《"幼児の心のわかる保育者を養成する"この課題に応える新シリーズ》

児童家庭福祉論　　高玉和子◆編著
A5判　並製　224頁　定価（本体1,800円＋税）　ISBN 978-4-86359-020-5

保育者論　　大沢 裕・高橋弥生◆編著
A5判　並製　208頁　定価（本体2,200円＋税）　ISBN 978-4-86359-031-1

教育原理　　大沢 裕◆編著
A5判　並製　208頁　定価（本体2,200円＋税）　ISBN 978-4-86359-034-2

保育内容総論　　大沢 裕・高橋弥生◆編著
A5判　並製　200頁　定価（本体2,200円＋税）　ISBN 978-4-86359-037-3

保育の心理学Ⅰ　　谷口明子・西方 毅◆編著
A5判　並製　216頁　定価（本体2,200円＋税）　ISBN 978-4-86359-038-0

保育の心理学Ⅱ　　西方 毅・谷口明子◆編著
A5判　並製　208頁　定価（本体2,200円＋税）　ISBN 978-4-86359-039-7

相談援助　　高玉和子・和田上貴昭◆編著
A5判　並製　208頁　定価（本体2,200円＋税）　ISBN 978-4-86359-035-9

保育相談支援　　高玉和子・和田上貴昭◆編著
A5判　並製　200頁　定価（本体2,200円＋税）　ISBN 978-4-86359-036-6

保育・教育課程論　　高橋弥生◆編著
A5判　並製　216頁　定価（本体2,200円＋税）　ISBN 978-4-86359-044-1

障害児保育　　青木 豊◆編著
A5判　並製　208頁　定価（本体2,200円＋税）　ISBN 978-4-86359-045-8

保育実習　　高橋弥生・小野友紀◆編著
A5判　並製　208頁　定価（本体2,200円＋税）　ISBN 978-4-86359-046-5

幼稚園教育実習　　大沢裕・高橋弥生◆編著
A5判　並製　208頁　定価（本体2,200円＋税）　ISBN 978-4-86359-047-2

ご注文は最寄りの書店または小社営業部まで。小社ホームページからもご注文いただけます。

一藝社の本

新・保育内容シリーズ［全6巻］
谷田貝公昭◆監修
《新しい「幼稚園教育要領」「保育所保育指針」に対応した新シリーズ》

---

1 健康
高橋弥生・嶋﨑博嗣◆編著

A5判　並製　248頁　定価（本体2,000円＋税）　ISBN 978-4-86359-014-4

---

2 人間関係
塚本美知子・大沢 裕◆編著

A5判　並製　240頁　定価（本体2,000円＋税）　ISBN 978-4-86359-015-1

---

3 環境
嶋﨑博嗣・小櫃智子・照屋建太◆編著

A5判　並製　232頁　定価（本体2,000円＋税）　ISBN 978-4-86359-016-8

---

4 言葉
中野由美子・神戸洋子◆編著

A5判　並製　248頁　定価（本体2,000円＋税）　ISBN 978-4-86359-017-5

---

5 音楽表現
三森桂子◆編著

A5判　並製　256頁　定価（本体2,000円＋税）　ISBN 978-4-86359-018-2

---

6 造形表現
おかもとみわこ・大沢 裕◆編著

A5判　並製　232頁　定価（本体2,000円＋税）　ISBN 978-4-86359-019-9

ご注文は最寄りの書店または小社営業部まで。小社ホームページからもご注文いただけます。

一藝社の本

子ども学講座［全5巻］
林 邦雄・谷田貝公昭◆監修

《今日最大のテーマの一つ「子育て」——
子どもを取り巻く現状や、あるべき姿についてやさしく論述》

1 子どもと生活
西方 毅・本間玖美子◆編著

A5判　並製　224頁　定価（本体1,800円＋税）　ISBN 978-4-86359-007-6

2 子どもと文化
村越 晃・今井田道子・小菅知三◆編著

A5判　並製　224頁　定価（本体1,800円＋税）　ISBN 978-4-86359-008-3

3 子どもと環境
前林清和・嶋﨑博嗣◆編著

A5判　並製　216頁　定価（本体1,800円＋税）　ISBN 978-4-86359-009-0

4 子どもと福祉
髙玉和子・高橋弥生◆編著

A5判　並製　224頁　定価（本体1,800円＋税）　ISBN 978-4-86359-010-6

5 子どもと教育
中野由美子・大沢 裕◆編著

A5判　並製　224頁　定価（本体1,800円＋税）　ISBN 978-4-86359-011-3

ご注文は最寄りの書店または小社営業部まで。小社ホームページからもご注文いただけます。